Gisela Muhr

Omas praktisches Büchlein vom Stricken und Häkeln

Gisela Muhr

Omas praktisches Büchlein
vom Stricken und Häkeln

Gisela Muhr
Omas praktisches Büchlein vom Stricken und Häkeln

Copyright © 2013 Regionalia Verlag GmbH, Rheinbach
Alle Rechte vorbehalten

Einbandgestaltung: Lydia Muhr für agilmedien, Niederkassel
Layout und Satz: Beata Salanowski für agilmedien, Niederkassel

Printed in Poland

ISBN 978-3-95540-111-5

www.regionalia-verlag.de

Inhalt

Vorwort 9

Stricken 11

    Einleitung 13

    Strickschule 17

    Abkürzungen 32

Strickmodelle 35

    Damen-Strickjacke 36

    Decke 44

    Damenjacke mit Zopfmuster 48

    Minikleid oder Longpullover 56

    Sommerkleid 62

    Kindermütze und Schal 70

    Kinderpullunder 76

Schals stricken 85

    Herrenschal 86

    Loop „Rot" 88

    Schalkragen „Schwarz" 90

Socken stricken 93

Inhalt

Häkeln 99
    Einleitung 101
    Abkürzungen 114
Häkelmodelle 117
    Decke 118
    Topflappen 122
    Dreiecktuch 130
    Häkeltasche 134
    Damenschal 138
Danksagung 142
Bildnachweis 143

Vorwort

Das Stricken war schon im Altertum bekannt und wahrscheinlich hat sich die Häkeltechnik einst aus einer Arbeit, wie sie zum Knüpfen von Fischernetzen benutzt wurde, entwickelt.

Besonders in Zeiten, in denen man den Gürtel enger schnallen musste, wurde die Kleidung – von Socken bis zur Mütze – selbst gestrickt oder gehäkelt. Unsere Großmütter waren in der Lage, wunderschöne Pullover, Jacken, ja, sogar Mäntel mit den schwierigsten Strick- und Häkelmustern herzustellen. Das Klappern der Stricknadeln war in jedem Haus hörbar und vermittelte eine Art Vorfreude auf das fertig gestellte Produkt. Jede freie Minute wurde von den Großmüttern mit Handarbeit wie dem Erstellen neuer, aber auch dem Ausbessern beschädigter Kleidung ausgefüllt.
Handarbeit war für die Oma auch eine Sache von Prestige. Jede Mutter und jede Oma wollte das schönste und das schwierigste Muster in „Form" bringen – und das alles ohne Strickanleitung. Die Mutter gab die Muster an die Tochter weiter und so wurde das neue Muster oft stundenlang ausprobiert, wieder aufgetrennt und erneut aufgenommen. Sogar das Ausprobieren machte Spaß, denn man tauschte sich aus, saß zusammen und schaffte Gemeinsamkeiten.

Die neuen Strickmodelle wurden dann mit Stolz getragen, weil man ja mit einem Unikat gekleidet war. Wenn wir uns heute Fotos aus Jugendzeiten ansehen (zumindest die Älteren von uns), finden wir uns wieder in Omas wunderschön gestricktem Pullover – und ein wenig Wehmut kommt auf. Handarbeiten waren in den letzten Jahrzehnten wiederkehrend im Trend. Einmal in Vergessenheit geraten, erlebten sie immer wieder eine Art „Auferstehung". So war es in den 1990er Jahren gar nicht selten, dass auch Männer zu den Stricknadeln griffen und das eigene Strickgut herstellten. Und sicherlich waren auch deren Omas nicht ganz „unschuldig" an dieser Entwicklung der männlichen Selbstverwirklichung.

Wenn Sie Freude an kreativer und sinnvoller Freizeitbeschäftigung haben, dann ist dieses Buch genau das Richtige für Sie. Handarbeit, also selbst Gefertigtes, ist jetzt wieder mehr denn je „in Mode".

Stricken und häkeln sind ein tolles, buntes und abwechslungsreiches Freizeitvergnügen und immer mehr junge Frauen finden an dieser „Arbeit" Gefallen. Mode zum Selbermachen lautet das Motto!

Die einfache Strick- und Häkeltechnik haben die meisten ja bereits im Handarbeitsunterricht in der Schule oder von der Oma erlernt. Wenn Sie jedoch schon seit länger Zeit weder gestrickt noch gehäkelt haben, finden Sie in diesem Buch die Grundtechniken wieder. Mit diesen Anleitungen kommen sogar Anfängerinnen zurecht. Einfachere Strickmodelle wie Herrenschal und Loop oder ein gehäkelter Damenschal sind für Anfängerinnen oder Wiedereinsteigerinnen schnell erlernt. Und Ihre erste Handarbeit wird Sie begeistern!

Auch wenn Sie bereits versiert im „Handarbeiten" sind, finden Sie sicherlich in den Strick- und Häkelmodellen das Richtige. Das Stricken einer Damenjacke mit Zopfmuster oder eines Sommerkleides ist schon eine Herausforderung, aber mit Geduld und etwas Übung sicherlich zu schaffen. Und vielleicht haben Sie ja das Glück und können, sollte es dann doch einmal schwierig werden, ihre Oma fragen.

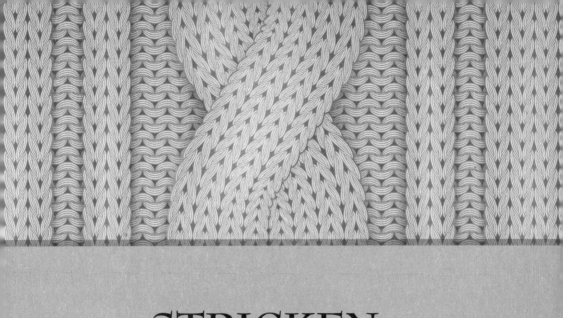

STRICKEN

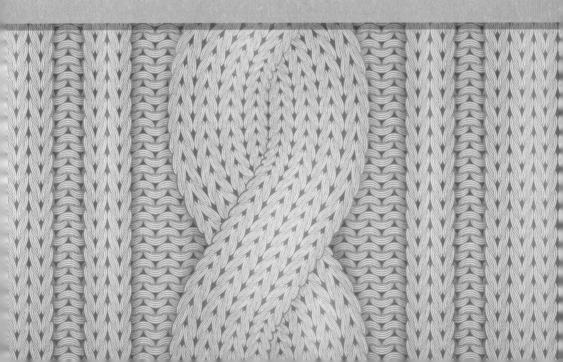

Einleitung

Bevor man mit dem Stricken beginnt, sollte man sich darüber im Klaren sein, was man eigentlich herstellen möchte. Garn und Stricknadeln sind zwar schnell gekauft, aber ist denn jedes Garn auch für jede Strickarbeit geeignet? Mit dünnen, feinen Garnen lassen sich keine wärmenden Winterpullover stricken und mit dicken Wollfäden kann man keinen Sommerpullover kreieren. Suchen Sie deshalb zuerst das Strickmodell aus und wählen Sie dann das entsprechende Garn. Die Farbwahl bleibt Ihnen natürlich selbst überlassen.

Wenn Sie noch Anfängerin in der Handarbeit sind, empfiehlt es sich, nicht gleich mit einer schwierigen Strickarbeit zu beginnen. Und bedenken Sie, dass das Fertigen von Strickarbeiten einige Zeit in Anspruch nimmt und keine Sache ist, die sich im Handumdrehen erledigen lässt.

Stricknadeln:
Stricknadeln gibt es in verschiedenen Größen und Materialien wie Metall, Holz, Kunststoff oder Bambus.

Für die Arbeit mit haarigen Garnen wie Wolle und Mohair sind Metallnadeln ideal. Die Maschen gleiten auf der Metallnadel besonders gut und lassen sich entsprechend leicht verarbeiten.

Durch ihr flexibles Material halten Bambusnadeln konstant die Fadenspannung, wodurch ein gleichmäßiges Maschenbild erzeugt wird. Nadeln aus Bambus sind besonders gut für rutschige Garne – wie z.B. Seide oder mercerisierte Baumwolle – einzusetzen.

Bei der Wahl von Kunststoffstricknadeln ist zu beachten, dass sie mit einer Stärke von 4 mm oder weniger beim Stricken schwerer Arbeiten leicht verbiegen oder brechen können.

Stricknadeln sind lang, dünn oder dick (Nadelstärke), aber auch gebogen (Zopfnadeln). Die Durchmesserangabe erfolgt in mm. Die feinsten Nadeln sind 1,25 mm dünn und die dickste Nadelstärke ist 15 mm. Allgemeingültig ist: Je dicker die Wolle, umso stärker ist die Nadel. Die Stricknadelstärke wird nach dem verwendeten Garn (Wolle) ausgesucht. Welche Nadelstärke Sie benötigen, können Sie an der am Wollknäuel befindlichen Banderole erkennen.

Nützliches Hilfsmittel zur Ermittlung der Nadelstärke – falls nicht auf der Nadel gekennzeichnet – ist ein Nadelmaß. Es hat die Form eines Lineals und kann daher auch gut für die Maschenprobe genutzt werden.

Große oder rundgestrickte Arbeiten erfordern Rundstricknadeln. Rundstricknadeln haben zwei kurze, starre Stricknadeln die mit einem flexiblen Kunststoffstück verbunden sind. Bei der Länge der Rundstricknadel müssen Sie auf den ungefähren Umfang der Strickarbeit achten. Eine kürzere Rundstricknadel wird zum Beispiel bei einer Mütze benötigt, für einen Pullover oder Schal sollte sie entsprechend länger sein. Rundnadeln können auch für flache Strickstücke benutzt werden.

Für Handschuhe oder Strümpfe benötigen Sie ein sogenanntes Nadelspiel, das aus 5 Stricknadeln besteht. Mit etwas Übung kommen selbst Strickanfänger gut mit einem Nadelspiel zurecht.

Weitere wichtige Utensilien beim Stricken:

Maschenstopper – zum Stilllegen von Maschen
Verschiedenfarbige Spulen – für das Stricken mit mehreren Farben
Reihenzähler – zum Zählen der gestrickten Reihen
Stumpfe Wollsticknadel – zum Zusammennähen der Strickarbeiten (Pullover, Jacken, etc.)
Maschenraffer – zum vorübergehenden Stilllegen von Maschen
Weiterhin benötigen Sie ein Maßband und eine Schere.

Strickgarn:

Die meisten Strickgarne sind in zahlreichen Farbtönen erhältlich, allerdings ist die Zusammensetzung der einzelnen Garne sehr unterschiedlich. Garne unterscheiden sich in Qualität und Tragegefühl. Zwischen kratzig, wärmend, weich und flauschig wählen Sie das geeignete Garn für Ihre Strickarbeit wie Pullover, Jacke, Schal und Socken aus.

Man unterscheidet in natürlichen oder synthetischen Fasern.

Zu natürlichen Fasern aus Tiergewinnung zählen:
Angora, Mohair, Kaschmir, Alpaka oder Seide.

Aus pflanzlicher Gewinnung:
Baumwolle, Hanfgarn oder Leinen

Synthetische Garne sind:
Polyester, Nylon, Metallicgarn oder Acryl. Auch Mischungen aus Natur- und Synthetikfasern sind möglich, was die Haltbarkeit, z.B. durch häufiges Waschen, verstärkt.

Die Garne unterscheiden sich aber nicht nur im Material, sondern auch im Spinnverfahren. Die Garnstärke hängt davon ab, was Sie stricken möchten.

Die Garnstärken mit den Symbolen auf den Banderolen von 0-6:
0: Spitzengarn für Arbeiten mit Spitze und feine Babykleidung
1: Extra feines Garn für Babykleidung und Strümpfe
2: Feines Garn für luftige Pullover und Strümpfe
3: Dünnes Garn für alle Strickarbeiten
4: Mittleres Garn für dicke Pullover, Schals, Jacken, etc.
5: Dickes Garn für sehr dicke Winterpullover und -jacken, Decken etc.
6: Extra dickes Garn für Decken und Teppiche

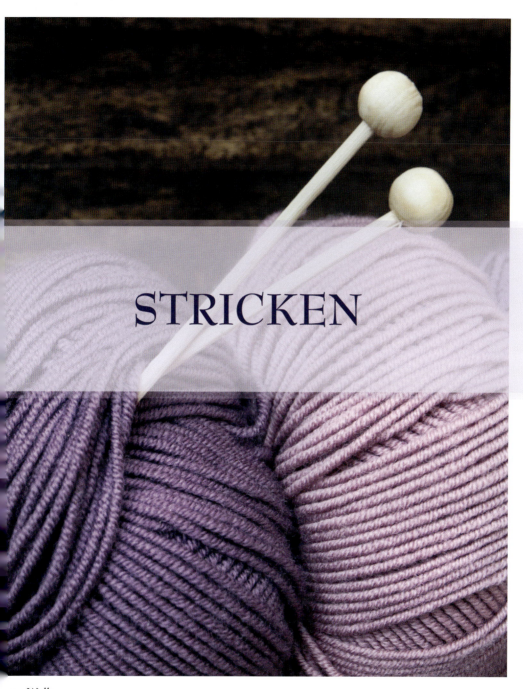

STRICKEN

4 *Damenjacke mit Zopfmuster* Siehe Seite 48

5 *Minikleid oder Longpullover* *Siehe Seite 56*

6 *Sommerkleid*   *Siehe Seite 62*

7 Kindermütze und Schal   Siehe Seite 70

10 Loop „Rot"

Siehe Seite 88

11 Schalkragen „Schwarz" Siehe Seite 90

13 Zopfmuster

14 Waagrechte Rippen

15 *Glatt rechts*

16 *Glatte Rippen*

17 Glatt rechts

18 Glatt links

19 Eine Auswahl an Nadelspielen

20 *Eine Auswahl an Nadelspielen*

21 Eine Auswahl an verschiedenen Stricknadeln

22 Eine Auswahl an verschiedenen Stricknadeln

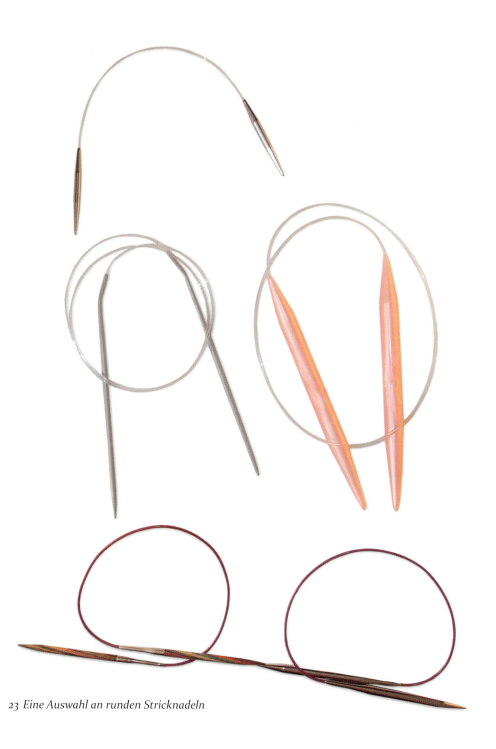

23 *Eine Auswahl an runden Stricknadeln*

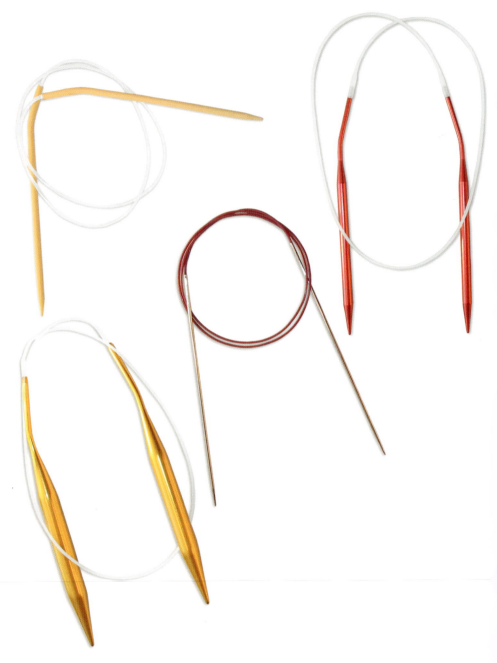

24 *Eine Auswahl an runden Stricknadeln*

Strickschule

Am Anfang jeder Strickarbeit gehört eine gewisse Anzahl an Maschen, die man aufnehmen muss. Dieser Maschenanschlag bildet zumeist den Abschluss Ihrer Strickarbeit und sollte deshalb besonders sorgfältig vorgenommen werden. Grundsätzlich ist die linke Hand (bei Rechtshändern) die „passive" und die rechte ist die „aktive" Hand (bei Linkshändern evtl. umgekehrt). Die beiden Grundmaschenarten sind die rechte und die linke Masche. Mit zahlreichen Kombinationsmöglichkeiten bieten sie die Basis für sehr viele Strickmuster.

Der Maschenanschlag durch Kreuzanschlag

Den Faden doppelt schlagen, mindestens dreimal so lang entsprechend der aufzuschlagenden Maschenzahl. Der Arbeitsfaden, mit dem gestrickt wird, kommt von dem Garnknäuel. Eine Schlinge um Zeigefinger und Daumen der linken Hand legen (siehe Zeichnung 1). Dabei die Fäden zwischen Ring- und kleinem Finger festhalten.

Eine Stricknadel in die rechte Hand nehmen und die Spitze unter den Faden zwischen Daumen und Zeigefinger führen (Zeichnung 2). Den Faden ein Stück auf sich zuziehen. Die Nadelspitze von unten durch die Daumenschlaufe stecken und den Faden, der vom Zeigefinger kommt aufnehmen (Zeichnung 3). Diesen Faden durch die Daumenschlaufe ziehen. Die Schlaufe vom Daumen gleiten lassen und so lange am Fadenende ziehen, bis die Maschen auf der Stricknadel fest sind (Zeichnung 4). Den Endfaden wieder um den Daumen legen und das Ganze so lange wiederholen, bis die erforderliche Maschenzahl erreicht ist.

Strickschule

Maschen Aufnehmen

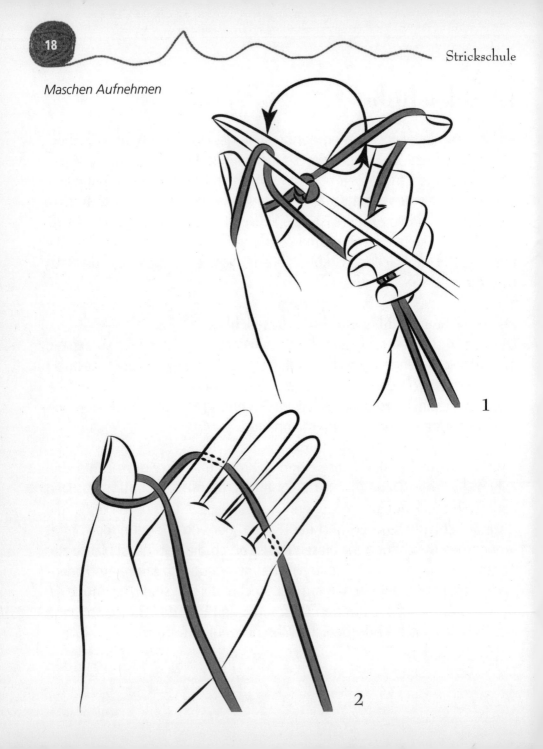

Strickschule

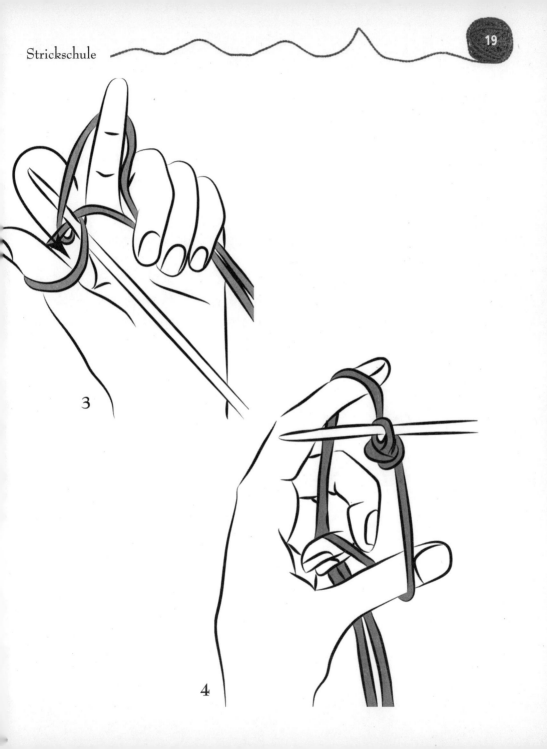

3

4

Maschenanschlag durch Aufstricken

Eine Anfangsschlinge bilden, um die Nadel legen und diese in die linke Hand nehmen. Mit der zweiten Nadel von vorne in die Schlinge einstechen und den Arbeitsfaden (er muss hinter der Arbeit liegen) von hinten durchziehen. Dadurch entsteht eine weitere Masche.

Nun mit der linken Nadel das vordere Maschenglied erfassen und so auf die linke Nadel heben. Jetzt müssen sich auf der linken Nadel zwei Maschen befinden.

In diese Masche, wie zuvor, mit der rechten Nadel von vorne einstechen und die Schritte wie beschrieben wiederholen. Solange fortfahren, bis die gewünschte Maschenzahl erreicht ist.

Strickschule

Rechte Masche

Bei den rechten Maschen liegt der Arbeitsfaden immer hinter der Arbeit. Mit der rechten Nadel von vorne durch die vorne liegende Masche auf der linken Nadel einstechen. Dann den Faden nach vorne durchziehen (siehe Zeichnung).

Die neue Masche liegt nun auf der rechten Nadel und die Masche auf der linken Nadel wird von der Nadel gezogen. Weiter so verfahren, bis die Reihe abgestrickt ist.

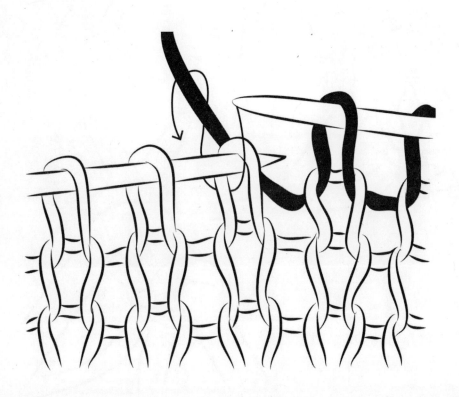

Strickschule

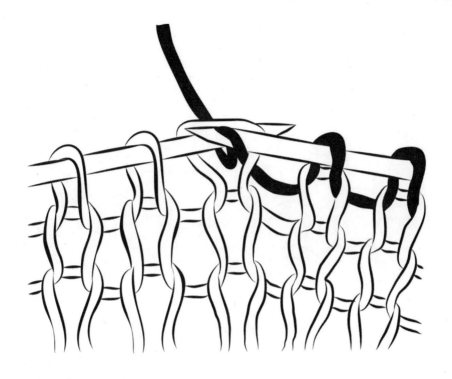

Linke Masche

Bei den linken Maschen liegt der Arbeitsfaden immer vor der Arbeit. Mit der rechten Nadel von rechts nach links in die Masche der linken Nadel einstechen (siehe Zeichnung). Den Arbeitsfaden nun von vorn nach hinten um die Spitze der rechten Nadel legen.

Dann den Faden von vorne nach hinten durchziehen. Die neue linke Masche liegt nun auf der rechten Nadel. Die abgestrickte Masche von der linken Nadel gleiten lassen. Weiter so verfahren, bis die Reihe abgestrickt ist.

Strickschule

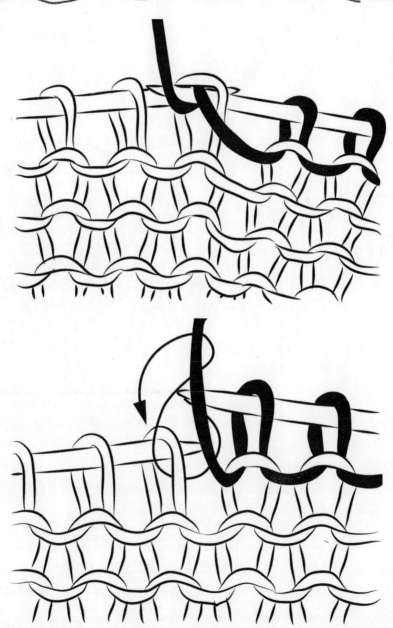

Randmaschen

Die Randmaschen sind unabhängig vom Grundmuster. Es gibt zwei Möglichkeiten:

Beim Kettenrand wird die erste Masche in der Reihe rechts abgestrickt und die letzte Masche links abgehoben.

Beim Knötchenrand wird die erste Masche der Reihe rechts abgehoben und die letzte Masche wird rechts abgestrickt.

Garn ansetzen

In der Regel können Sie Ihr Strickobjekt nicht mit einem einzigen Wollknäuel fertig stellen. Damit Sie weiter stricken können, müssen Sie ein neues Knäuel ansetzen. Am besten geht das, indem man mit dem neuen Knäuel am Anfang der Reihe beginnt. Die beiden Garnenden kann man einfach hängen lassen und später vernähen.

Im Verlauf einer Reihe werden die Fadenenden des neuen und des verarbeiteten Knäuels halbiert und je eine Hälfte von beiden Fadenenden zusammen gedreht. Dann einfach weiter stricken. Die beiden Fadenhälften werden später auf der linken Seite (Innenseite) vernäht.

Maschen zunehmen

„Maschen zunehmen" bedeutet, die bereits vorhandene Maschenzahl zu erhöhen. Die Maschenzunahme kann durch verschiedene Methoden erfolgen, wir stellen Ihnen zwei Möglichkeiten vor:

Aus einer Masche zwei Maschen herausarbeiten:

Bei rechten Maschen wie gewohnt rechts abstricken, die Masche jedoch nicht von der Nadel abziehen. Dann von hinten eine zweite rechts verschränkt herausstricken. Bei linken Maschen ebenso verfahren, nur eben links stricken.

Maschenzunahme durch Hochziehen:

Bei rechten Maschen mit der rechten Nadel die Schlinge unter der nächsten Masche hochziehen. Den Faden holen und erst die Schlinge und dann die Masche abstricken. Bei linken Maschen ebenso verfahren, nur eben links stricken.

Strickschule

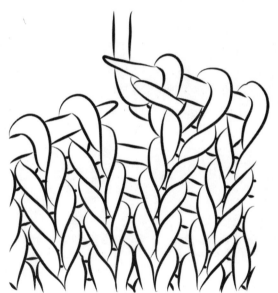

Maschen abnehmen

„Maschen abnehmen" bedeutet, die bereits vorhandene Maschenzahl zu verringern. Die Maschenabnahme kann wie folgt vorgenommen werden: Zwei Maschen zusammen stricken. Dazu die Stricknadel in zwei Maschen einstechen und beide Maschen gleichzeitig abstricken. Das gilt für rechte und linke Maschen.

Glatt rechts abketten
Wenn Sie Ihr Strickobjekt fertig gestrickt haben, müssen Sie die Maschen wie folgt abketten:

Die erste und zweite Masche der Reihe abstricken. Dann mit der linken Nadel von links nach rechts in die erste Masche einstechen und diese über die zweite Masche ziehen.

Dann stets nur eine Masche rechts stricken und das Überziehen solange wiederholen, bis alle Maschen der Reihe abgekettet sind. Am Ende den Faden abschneiden und das Fadenende durch die letzte Masche ziehen. Das Abketten sollte möglichst lose geschehen, damit der abgeschlossene Rand elastisch bleibt.

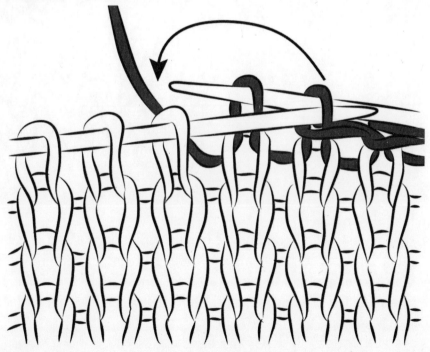

Glatt links abketten

Linke Maschen werden genau wie rechte abgekettet, nur das sie eben links gestrickt werden:

Bei glatt links gestrickten Teilen die Randmasche wie gewohnt stricken und die zweite Masche links stricken. Dann heben Sie die Randmasche über die zweite gestrickte Masche. Danach stets nur eine Masche links stricken und das Überziehen solange wiederholen, bis alle Maschen der Reihe abgekettet sind. Am Ende den Faden abschneiden und das Fadenende durch die letzte Masche ziehen.

Bei einem Rippenmuster muss entsprechend der vorliegenden Maschen abgekettet werden, weil sich ansonsten die Rippe am Rand nicht ausdehnen kann.

Fehler ausbessern

Auch der aufmerksamsten Strickerin kann es passieren, dass eine Masche von der Nadel fällt. Wenn man das erst einige Reihen später bemerkt, ist es nicht nötig, die Arbeit bis zu dieser „Fehlerquelle" wieder aufzutrennen. Denn zum einen ist die Wiederaufnahme der Maschen beim Stricken sehr schwierig und zum anderen gibt es ja eine einfachere Lösung.

Bei einer „verlorenen" Rechtsmasche nimmt man mit einer Häkelnadel eben diese Masche auf und zieht von unten nach oben arbeitend immer einen der Querfäden durch diese Masche. Wenn man oben angelangt ist, nimmt man die Masche auf die linke Nadel und strickt einfach weiter.

Mit einer linken verlorenen Masche wird ebenso verfahren, nur das dann die Querfäden vor der Fallmasche liegen.

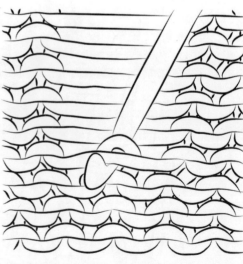

Maschenprobe

Vor der eigentlichen Strickarbeit sollten Sie aber auf alle Fälle eine Maschenprobe machen. Nicht unbedingt, wenn Sie einen Schal stricken möchten, aber bei einem Pullover oder bei einer Jacke ist dies unbedingt empfehlenswert. Eine Maschenprobe ist deshalb notwendig, weil nicht jeder Mensch mit der gleichen Festigkeit/Lockerheit strickt. Damit Sie Ihren zukünftigen Pullover nicht wieder auftrennen müssen, weil er zu groß oder zu klein ist.

Für die Maschenprobe stricken Sie im Grundmuster ein Quadrat von 12 cm Seitenlänge und spannen anschließend das Stück auf. Zählen Sie nun die Maschen in Breite und Höhe von je 10 cm. Stimmen die Maschenanzahl und die Anzahl der Reihen mit der Arbeitsanleitung überein, können Sie sich genau danach richten. Wenn Sie fester oder lockerer stricken, sollten Sie die Nadelstärke ändern. Bei geringer Maschenzahl entsprechend eine dickere Stricknadel verwenden und umgekehrt.

Zusammennähen

Nachdem Sie Ihre Arbeit fertiggestellt haben, muss diese noch zusammengenäht werden. Vorder- und Rückenteil und die Arme müssen ja eine „Einheit" ergeben. Dabei sollten Sie jedes Strickstück vor dem Zusammennähen auf Maß spannen. Beim Spannen glätten sich die eingerollten Ränder, und das Strickstück wird gleichmäßiger.

Abkürzungen

Nd.	Nadel
beids.	beidseits
abh.	abheben
abn.	abnehmen
abk.	abketten
Anf.	Anfang
arb.	arbeiten
anschl.	anschlagen
Hinr.	Hinreihe
M.	Masche/n
Mstr.	Muster
R.	Reihe
Rd.	Runde
li.	links
re.	rechts
Rdm.	Randmasche
str.	stricken
Rückr.	Rückreihe
Umschl.	Umschlag
überz.	überziehen
verschr.	verschränkt
wiederh.	wiederholen
zun.	zunehmen
zus.str.	zusammenstricken
( )	die in Klammern stehende Maschenfolge wie angegeben arbeiten
*	Wiederholungszeichen für Musterrapport

Strickschule

Musterrapport ist die nötige Maschenzahl, um das entsprechende Muster einmal zu bilden. Das Wiederholungszeichen * steht immer vor den Angaben, die zu wiederholen sind. Beispiel:

2 M li. * 2 M re. 2 M li. ab * wdh. = die ersten 2 Maschen links stricken, dann 2 Maschen rechts stricken und das Ganze bis zum Ende der Reihe wiederholen und mit 2 Maschen links abschließen.

In Klammern stehende Maschenfolgen werden so lange wiederholt, wie vor der Klammer angegeben: 20 x (2 M li., 2 M re.).

Strickmodelle

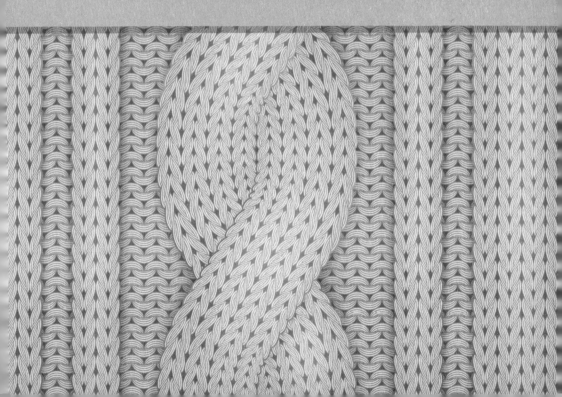

36

Dieses Bild sehen Sie in Farbe auf Bildtafel 2

Damen-Strickjacke

Größe: S - XXXL

Größe:
S - M - L - XL - XXL - XXXL

Material:
z.B. Garnstudios DROPS MUSKAT
500-550-600-650-700-750 g Nr. 15, kornblumenblau

Rundstricknadelstärke:
4 mm/80 cm (z.B. DROPS)

Maschenprobe:
21 M. x 28 R. glatt gestrickte = 10 x 10 cm (1 Rapporte M1 ca. 3,5 cm breit, 1 Rapport M2 ca. 7 cm breit, 30 R. in M1 und M2 = ca. 10 cm hoch).

Nadelspielstärke:
4 mm – für die Ärmel (z.B. DROPS)
Muschelknopf mit Loch NR. 526 (20 mm), 7 Stk. (z.B. DROPS)

KRAUSRIPPE (hin und zurück):
1 Krausrippe = 2 R. re.

KRAUSRIPPE (rund gestrickt)
1 Krausrippe = 2 Runden. 1. R. li., 2. R. re.

MUSTER:
Siehe Diagramm. Das Diagramm zeigt die Hin- und die Rückreihen von der Vorderseite.

TIPP ZUM ABNEHMEN:
Auf beiden Seiten der Markierungen wie folgt: stricken, bis vor der Markierung noch 3 M. übrig sind, 2 M. zusammen, 2 M. stricken (hier liegt die Markierung dazwischen), 2 M. zusammen.

TIPP ZUM AUFNEHMEN:
Auf beiden Seiten der Markierungen wie folgt: stricken, bis vor der Markierung noch1 M. übrig ist, 1 Umschlag, 2 M. stricken (hier liegt die Markierung dazwischen), 1 Umschlag. Bei der nächsten R. den Umschlag verschränkt stricken (d.h. man sticht in das hintere Glied der Masche ein).

KNOPFLÖCHER:
Am rechten Vorderteil werden Knopflöcher eingestrickt.
1 KNOPFLOCH = die 5. und 6. M. abk. und bei der nächsten R. darüber 2 neue M. anschlagen.
Grösse S: 2, 10, 18, 25, 32, 39 cm.
Grösse M: 2, 10, 18, 26, 34, 41 cm.
Grösse L: 2, 10, 18, 26, 34, 42 cm.
Grösse XL: 2, 11, 19, 27, 35, 43 cm.
Grösse XXL: 2, 11, 20, 29, 37, 45 cm.
Grösse XXXL: 2, 11, 20, 29, 38, 47 cm.
Nach dem letzten Knopfloch sind es noch ca. 7-7-8-8-8-8 cm bis zur Halskante. Das letzte Knopfloch wird in der Halskante eingestrickt.

VORDER- UND RÜCKENTEIL:
Die Arbeit wird auf einer Rundnadel, von der vorderen Mitte her, hin und zurück gestrickt. Mit Muskat auf Rundnadel Nr. 4, 177-193-209-225-257-281 M. anschlagen und 2 cm Krausrippe stricken – siehe oben (1. R. = Vorderseite). Mit 1 R. von der Rückseite abschließen und 2 R. glatt mit je

Damen-Strickjacke

8 Krausrippe auf beiden Seiten stricken (= Blendenm). Stimmt die Maschenprobe?
Die nächste R. von der Vorderseite wie folgt:

Größe S - M - L - XL:
4 M. Krausrippe, das erste Knopfloch einstricken – siehe oben, 2 M. Krausrippe, 4 M. glatt, M1, M2, nochmals M1, 6-10-14-18 M. glatt, 1 Markierung (= rechte Seite), 6-10-14-18 M. glatt, * M1, M2 *, von *-* 3 Mal, danach nochmals M1, 6-10-14-18 M. glatt, 1 Markierung (= linke Seite), 6-10-14-18 M. glatt, M1, M2, danach nochmals M1 und mit 4 M. glatt und 8 Krausrippe abschließen. Die Markierung folgt der Arbeit noch oben.

Größe XXL - XXXL:
4 M. Krausrippe, das erste Knopfloch einstricken – siehe oben, 2 M. Krausrippe, 4 M. glatt, 2 Mal M1, danach 1 Mal M2 und 1 Mal M1, 18-24 M. glatt, 1 Markierung (= rechte Seite), 18-24 M. glatt, 1 Mal M1 und 1 Mal M2, 2 Mal M1, 1 Mal M2, 2 Mal M1, danach 1 Mal M2 und 1 Mal M1, 18-24 M. glatt, 1 Markierung (= linke Seite), 18-24 M. glatt, 1 Mal M1 und M2, danach 2 Mal M1 und mit 4 M. glatt und 8 Krausrippe abschließen. Die Markierung folgt der Arbeit noch oben.

Alle Größen:
Das Muster so weiterstricken und die Knopflöcher nicht vergessen. Nach 5 cm auf beiden Seiten der Markierungen je 1 M. abn. – siehe TIPP ZUM ABNEHMEN = - 4 M. Total 4 Mal alle 2-2-2½-2½-3-3 cm = 161-177-193-209-241-265 M. (= 2-6-10-14-14-20 M. glatt auf beiden Seiten der Markierung). Nach 16-17-18-19-20-21 cm auf beiden Seiten der Markierungen je 1 M. aufnehmen – siehe TIPP ZUM AUFNEHMEN. Total 4 Mal

alle 6 cm = 177-193-209-225-257-281 M. Nach 39-40-41-42-43-44 cm die Arbeit an den Markierungen teilen.

RÜCKENTEIL:
= 83-91-99-107-123-135 M. Das Muster wie gehabt stricken und GLEICHZEITIG auf beiden Seiten wie folgt für das Armloch abk.: 0-1-1-1-1-2 Mal 3 M., 1-1-2-3-4-6 Mal 2 M., und 3-4-6-8-6-5 Mal 1 M. = 73-73-73-73-89-89 M. Jetzt das Muster mit 1 Randm in Krausrippe auf der Seite stricken. Nach 53-55-57-59-61-63 cm die mittleren 17-17-17-17-33-33 M. für den Hals abk. Bei der nächsten R. 2 M. gegen den Halsausschnitt und weiter bei der nächsten R. gegen den Halsausschnitt eine weitere M. abk. = 23 M. Nach 56-58-60-62-64-66 cm abk.

RECHTES VORDERTEIL:
= 47-51-55-59-67-73 M. Auf der Seite wie am Rückenteil für das Armloch abk. = 42-42-42-42-50-50 M. Das Muster mit einer Krausrippe gegen die Seite und 4 M. glatt und 8 M. Krausrippe gegen die Mitte stricken, bis die Arbeit 46-48-50-51-53-55 cm misst. Bei der nächsten R. von der Rückseite die letzten 8 Blendenm. ohne stricken auf einen Hilfsfaden legen. Die Arbeit drehen und weiter bei jeder R. von der Vorderseite wie folgt für den Hals abk.: 1 Mal 4-4-4-4-12-12 M., 2 Mal 2 M., 1 Mal 1 M. Danach bei jeder 2. R. von der Vorderseite 2 Mal 1 M. abk. (= bei jeder 4. R.) = 23 M. Nach 56-58-60-62-64-66 cm abk.

LINKES VORDERTEIL:
Wie das rechte Vorderteil nur spiegelverkehrt und ohne Knopflöcher.

ÄRMEL:
Die Arbeit wird rund gestrickt. Auf einem Nadelspiel Nr. 4, 44-46-48-50-

Damen-Strickjacke

52-54 M. anschlagen und 2 cm Krausrippe stricken. Den Anfang der R. Markierungen (= unter dem Ärmel). Glatt weiterstricken, bis die Arbeit 6-6-6-6-6-5 cm misst. Weiter auf beiden Seiten der Markierung je 1 M. aufnehmen = 2 neue M. Total 9-10-11-13-14-15 Mal alle 4½-4-3½-3-2½-2½ cm = 62-66-70-76-80-84 M. Nach 47-47-47-47-43-43 cm (Auf Grund der breiteren Schultern sind die Ärmel bei den großen Größen kürzer) beidseitig, am Anfang der R. für die Armkugel abk.: 1 Mal 3 M., 2 Mal 2 M. und danach auf beiden Seiten je 1 M., bis die Arbeit ca. 55-56-57-58-55-56 cm misst. Weiter 2 Mal 2 M. und 1 Mal 3 M. Danach abk. (die Arbeit misst ca. 57-58-59-60-57-58 cm).

ZUSAMMENNÄHEN:
Die Schulternaht zusammennähen und die Ärmel einnähen.

HALSKANTE:
An der rechten Blende anfangen und mit einer Rundnadel 4 wie folgt: die ersten 8 M. vom Hilfsfaden wieder auf die Nadel legen und stricken, ca. 80 - 100 M. aufnehmen und die letzten 8 M. vom Hilfsfaden auf die Nadel legen (und stricken). Die nächste R. von der Rückseite re. stricken und GLEICHZEITIG die Maschenzahl auf 100-100-100-104-118-118 M. anpassen (nicht über den Blendenm). GLEICHZEITIG bei der 1. R. von der Vorderseite das letzte Knopfloch einstricken. Nach 1 cm locker abk. und an der linken Blende die Knöpfe annähen.

Diagramm

- ☐ = re. von der Vorderseite, li. von der Rückseite
- ⊡ = li. von der Vorderseite, re. von der Rückseite
- ◨ = 2 re. zusammen
- ◧ = von der Vorderseite: 1 M. re. abheben, 1 re., die abgehobene über die gestrickte ziehen. Von der Rückseite: 2 li. zusammen
- ⊙ = 1 Umschlag zwischen 2 M.
- ⩘ = 1 M. re. abheben, 2 re. zusammen, die abgehobene über die gestrickten ziehen

Damen-Strickjacke

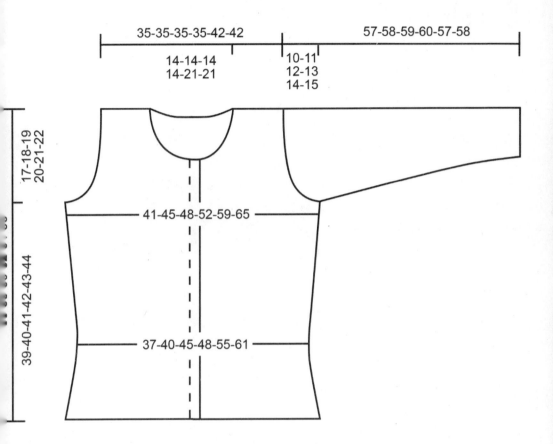

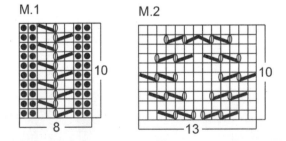

Dieses Bild sehen Sie in Farbe auf Bildtafel 3

Decke

Maße:
ca. 90 x 135 cm

Material:
z.B. DROPS DELIGHT von Garnstudio
400 g Farbe Nr. 07, beige/blau

Sowie:
z.B. DROPS KID-SILK von Garnstudio
175 g Farbe Nr. 07, hell graublau

Stricknadelstärke:
5,5 mm (z.B. DROPS) oder die benötigte Nadelstärke, um folgende Maschenprobe zu erhalten: 10 x 10 cm = 16 M. und 32 R. kraus re. mit je 1 Faden Delight + Kid-Silk.

TIPP ZUM FADENWECHSEL:
Damit die Farbübergänge in Delight beim Fadenwechsel ansprechend werden, ist es wichtig, dass das neue Knäuel mit der gleichen Farbe anfängt, mit der das alte geendet hat.

VERKÜRZTE REIHEN:
1 R. über die ersten 11 M. stricken, wenden und zurückstricken. 1 R. über die ersten 10 M. stricken, wenden und zurückstricken. Weiter jeweils 1 M. weniger vor jedem Wenden stricken, bis 2 R nur über die erste M gestrickt wurden. Dann 1 R über die ersten 2 M stricken, wenden und zu-

rückstricken, 1 R über die ersten 3 M stricken, wenden und zurückstricken. Weiter jeweils 1 M mehr vor jedem Wenden stricken, bis 1 R über die ersten 11 M gestrickt wurde, wenden und zurückstricken. 1 Rapport mit verkürzten R = 42 R.

DECKE:

Die ganze Decke wird kraus re. gestrickt, d.h. jede R. re. stricken. TIPP (s. S. 45) ZUM FADENWECHSEL lesen! 12 M auf Nadel Nr. 5,5 mit je 1 Faden Delight + Kid-Silk anschlagen und 45 cm kraus re. in Hin- und Rück-R. stricken. Dann 1 Rapport mit VERKÜRZTEN REIHEN (siehe oben) stricken, 2 R. re. über alle M. und noch einen Rapport mit verkürzten R. stricken. (Für den weiteren Verlauf und die Strickrichtung siehe auch Diagramm A.1) * 1 Hin-R. über alle M. stricken, die nächste Rück-R. wie folgt stricken: aus dem Rand des gerade gestrickten Streifens die äußerste M. am äußeren M-Glied auffassen, die erste M. der linken Nadel stricken, die neue (= aufgefasste) M. überziehen, die R. zu Ende stricken *. Diese beiden R. wdh., bis aus jeder Krausrippe (1 Krausrippe = 2 R kraus re.) entlang der einen Seite 1 M. aufgefasst wurde. 1 Rapport mit verkürzten R. stricken. 1 Hin-R. über alle M. stricken, die nächste Rück-R. wie folgt stricken: Die äußerste M. der Anschlagkante auffassen, die erste M. der linken Nadel stricken, die neue (= aufgefasste) M. überziehen, die R. zu Ende stricken. Diese beiden R. wdh., bis aus jeder M. der gesamten Anschlagkante 1 M. aufgefasst wurde. [1 Rapport mit verkürzten R stricken, von *-* wdh.]. In dieser Weise von [-] rundherum wdh. (siehe Diagramm A.1). Bei einer Größe der Decke von ca. 90 x 135 cm abketten.

Diagramm

- - - = verkürzte R
← = Strickrichtung
★ = Beginn

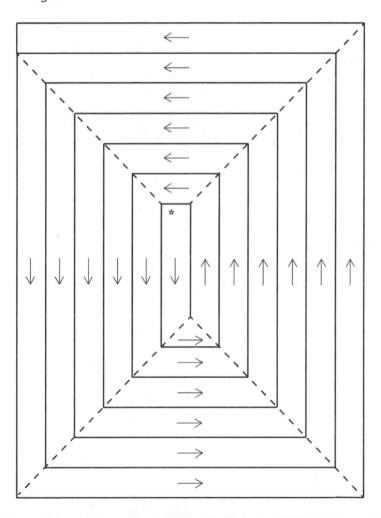

48

Dieses Bild sehen Sie in Farbe auf Bildtafel 4

Damenjacke mit Zopfmuster

Größe: S - XXXL

Größe:
S - M - L - XL - XXL - XXXL

Material:
z.B. DROPS KARISMA
500-550-600-650-700-750 g Fb. Nr. 18, rot

Stricknadelstärke:
4,5 mm (z.B. DROPS)

Maschenprobe:
20 M. x 26 R. glatt gestrickt = 10 x 10 cm

Stricknadelstärke:
4 mm, für das Bündchen (z.B. DROPS)

Perlmuttknöpfe mit Loch, Nr. 522: 4-4-5-5-5-5 Stk.(z.B. DROPS)

MUSTER:
Siehe Diagramm M1 und M2. Das Diagramm zeigt das Muster von der rechten Seite.

KRAUSRIPPE (hin und zurück):
1 Krausrippe = 2 R. re.

TIPP ZUM ABNEHMEN:
Für den Hals wird nach den 6 Blendenm. und M1/M2 abgenommen. Alle Abnahmen werden auf der rechten Seite gemacht. Vor M1 und 6 Blendenm.: 2 M. vor M1, 2 M. re. zusammen stricken. Nach 6 Blendenm. und M2: 1 M. re. abheben, 1 re., die abgehobene über die gestrickte ziehen.

KNOPFLÖCHER:
An der rechten Blende werden Knopflöcher eingestrickt. 1 Knopfloch = die 4. Blendenm. abk. Bei der nächsten R. darüber 1 neue M. anschlagen. Die Knopflöcher wie folgt anbringen: GRÖSSE S: 7, 15, 23 und 31 cm. GRÖSSE M: 8, 16, 24 und 32 cm. GRÖSSE L: 5, 12, 19, 26 und 33 cm. GRÖSSE XL: 6, 13, 20, 27 und 34 cm. GRÖSSE XXL: 7, 14, 21, 28 und 35 cm. GRÖSSE XXXL: 8, 15, 22, 29 und 36 cm.

RÜCKENTEIL:
Die Arbeit wird hin und zurück gestrickt. Mit Karisma auf Nadel Nr. 4, 100-112-120-140-156-168 M. anschlagen (inkl. 1 Randm. auf beiden Seiten). 1 R. li. auf der Rückseite stricken. Danach von der Vorderseite wie folgt: 1 Randm., * 2 re., 2 li. *, von *-* wiederholen und mit 2 re. und 1 Randm. abschliessen. Nach 3-3-3-4-4-4 cm zu Nadel Nr. 4,5, wechseln und 1 R. re. auf der Vorderseite stricken. GLEICHZEITIG gleichmäßig verteilt 14-18-18-20-24-24 M. abn. = 86-94-102-120-132-144 M. 1 R. li. auf der Rückseite stricken. Danach glatt mit je 1 Randm. auf beiden Seiten stricken.

STIMMT DIE MASCHENPROBE?
Nach 7 cm auf beiden Seiten je 1 M. abk. und alle 5 cm total 4 Mal wiederholen = 78-86-94-112-124-136 M. Weiterfahren, bis die Arbeit 28 cm misst. Jetzt auf beiden Seiten je 1 M. aufnehmen und alle 3-3-4-4-4-5 cm

Damenjacke mit Zopfmuster

total 4 Mal wiederholen = 86-94-102-120-132-144 M. Glatt mit je 1 Randm. auf beiden Seiten weiterfahren, bis die Arbeit 41-42-43-44-45-46 cm misst. Jetzt auf beiden Seiten je 4 M. abk. und weiter am Anfang jeder R. für das Armloch abk.: 2 M. 2-3-5-9-11-14 Mal und danach 1 M. 0-1-0-0-1-0 Mal = 70-72-74-76-78-80 M. Glatt weiterstricken, bis die Arbeit 56-58-60-62-64-66 cm misst. Jetzt über die mittleren 30-32-34-36-38-40 KRAUSRIPPEN stricken – siehe oben (die restlichen M. wie gehabt stricken). Nach 58-60-62-64-66-68 cm die mittleren 16-18-20-22-24-26 M. für den Hals abk. Jetzt mit 7 M. Krausrippe gegen den Hals weiterstricken. Bei der nächsten R. gegen den Hals 1 M. abk. = 26 M. auf der Schulter. Nach ca. 59-61-63-65-67-69 cm 2 Krausrippen über alle M. stricken und danach locker abk.

LINKES VORDERTEIL:

Die Arbeit wird hin und zurück gestrickt. Mit Karisma auf Nadel Nr. 4, 59-63-67-79-87-91 M. anschlagen (inkl. 1 Randm. und 6 Blendenm.). 1 R. li. auf der Rückseite stricken. Danach von der Vorderseite wie folgt: 1 Randm., * 2 li., 2 re. *, von *-* wiederholen und mit 6 Blendenm. in Krausrippe abschließen. Nach 3-3-3-4-4-4 cm zu Nadelspiel Nr. 4,5, wechseln. 1 R. re. auf der Vorderseite stricken. GLEICHZEITIG gleichmäßig verteilt 10-10-10-13-15-13 M. abn. (nicht über der Blende) = 49-53-57-66-72-78 M. 1 R. li. auf der Rückseite stricken (die Blendenm. wie gehabt). Danach glatt mit 6 Blendenm. gegen die Mitte und 1 Randm. gegen die Seite weiterfahren. Nach 7 cm auf der Seite wie beim Rückenteil abk. LESEN SIE DIE GANZE ANLEITUNG, BEVOR SIE WEITERSTRICKEN! GLEICHZEITIG nach 14-14-15-15-16-16 cm von der Anschlagskante von der linken Seite wie folgt stricken: 6 Blendenm., M1 (= 16 M.), glatt und mit 1 Randm. abschließen. Nachdem M1 1 Mal in der Höhe gestrickt ist, mit M1B weiterfahren. GLEICHZEITIG nach 28 cm auf der Seite wie beim Rückenteil aufnehmen. GLEICHZEITIG nach 32-33-34-35-36-37 cm einmal nur über die 6 Blendenm. stricken (nicht über die restlichen M.). Danach wie gehabt stricken. GLEICHZEITIG nach 33-34-35-36-37-38 cm nach M1 bei jeder 2. R. 1 M. für den Hals abk. – siehe oben: 4-5-6-7-8-9 Mal, danach bei jeder 4. R.: 6 Mal und weiter bei jeder 6. R. 5 Mal. GLEICHZEITIG nach 41-42-43-44-45-46 cm wie beim Rückenteil für das Armloch abk. Nach allen Abnahmen für den Hals und das Armloch sind noch 35 M. übrig. Weiterstricken, bis die Arbeit 59-61-63-65-67-69 cm misst. Jetzt 1 R. re. auf der Vorderseite stricken. GLEICHZEITIG über M1 gleichmäßig verteilt 9 M. abn. = 26 M. 1 R. re. auf der Rückseite stricken. 1 Krausrippe über alle M. stricken und danach abk.

RECHTES VORDERTEIL:
Wie das linke Vorderteil nur mit M2 anstelle von M1 und mit Knopflöchern – siehe oben.

ÄRMEL:
Die Arbeit wird hin und zurück gestrickt. Mit Karisma auf Nadel Nr. 4, 58-58-62-62-66-66 M. anschlagen (inkl. 1 Randm. auf beiden Seiten). 1 R. li. auf der Rückseite stricken. Danach das Bündchen wie folgt: 1 Randm., * 2 re., 2 li. *, von *-* wiederholen und mit 1 Randm. abschließen. Nach 5-5-5-5-6-6 cm zu Nadel Nr. 4,5 wechseln. 1 R. re. auf der Vorderseite stricken und GLEICHZEITIG gleichmäßig verteilt 10-8-10-8-12-10 M. abn. = 48-50-52-54-54-56 M. Danach glatt mit je 1 Randm. auf beiden Seiten stricken. Nach 9-8-8-7-8-9 cm auf beiden Seiten 1 M. aufnehmen und aller 3½-3½-3-2½-2-1½ cm total 11-12-14-16-18-20 Mal wiederholen = 70-74-80-86-90-96 M. Weiterfahren, bis die Arbeit 50-50-49-47-45-44 cm misst (Auf Grund der breiteren Schultern sind die Ärmel bei den großen Größen kürzer). Dann beidseitig, am Anfang der R. für die Arm-

Damenjacke mit Zopfmuster

kugel abk. Auf beiden Seiten 4 M. abk. und weiter beidseitig, am Anfang der R. für die Armkugel abk.: 2 M. 4-4-4-3-3-2 Mal und 1 M. 1-3-3-9-12-16 Mal. Weiter auf beiden Seiten 2 M. abk. bis die Arbeit 57-58-58-59-59-60 cm misst. Jetzt je 4 M. abk. und nach ca. 58-59-59-60-60-61 cm alle M. abk.

ZUSAMMENNÄHEN:
Die Schulternaht zusammennähen. Die Ärmel einnähen. Die Seiten- und Ärmelnaht zusammennähen. Die Knöpfe annähen.

Diagramm

☐ = re. auf der Vorderseite und li. auf der Rückseite

☒ = li. auf der Vorderseite und re. auf der Rückseite

◐ = 1 Umschlag zwischen 2 M., bei der nächsten R. den Umschlag verschränkt re. stricken.

▰ = 4 M. auf eine Hilfsnadel vor die Arbeit legen, 2 re., 4 re. von der Hilfsnadel.

▰ = 2 M. auf eine Hilfsnadel hinter die Arbeit legen, 4 re., 2 re. von der Hilfsnadel.

▰ = 4 M. auf eine Hilfsnadel vor die Arbeit legen, 2 li., 4 re. von der Hilfsnadel.

▰ = 2 M. auf eine Hilfsnadel hinter die Arbeit legen, 4 re., 2 li. von der Hilfsnadel.

▰ = 2 M. auf eine Hilfsnadel hinter die Arbeit legen, 2 re., 2 re. von der Hilfsnadel.

▰ = 2 M. auf eine Hilfsnadel vor die Arbeit legen, 2 re., 2 re. von der Hilfsnadel.

▰ = 4 M. auf eine Hilfsnadel vor die Arbeit legen, 4 re., 4 re. von der Hilfsnadel.

▰ = 4 M. auf eine Hilfsnadel hinter die Arbeit legen, 4 re., 4 re. von der Hilfsnadel.

Damenjacke mit Zopfmuster

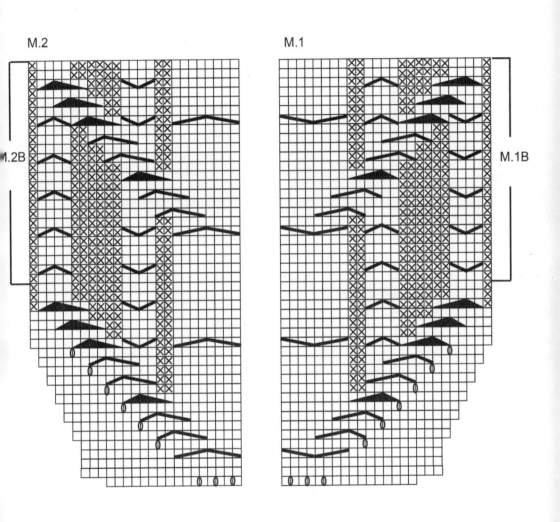

56

Dieses Bild sehen Sie in Farbe
auf Bildtafel 5

Minikleid oder Longpullover

Größe: S - XXXL

Größe:
S - M - L - XL - XXL - XXXL

Material:
z.B. Garnstudios DROPS MUSKAT
550-600-650-700-800-850 g Fb. Nr. 40, koralle

Stricknadelstärke:
3,5 mm (z.B. DROPS)

Maschenprobe:
22 M. x 30 R. glatt gestrickt = 10 x 10 cm.

KRAUSRIPPE (hin und zurück):
1 Krausrippe = 2 R. re.

MUSTER:
Siehe Diagramm. Das Diagramm zeigt das Muster von der Vorderseite.

TIPP ZUM ABNEHMEN-1
(gilt für das Vorder- und Rückenteil):
Alle Abnahmen werden von der Vorderseite gemacht, aber nicht direkt am Rand des Strickstücks, sondern zur Mitte zu neben dem Musterrapport M 1. NACH dem ersten Rapport M1 (Abnahme an der rechten Seite des Mittelstücks): 1 M. re. abheben, 1 re., die abgehobene über die ge-

strickte ziehen. VOR dem zweiten Rapport M1 (Abnahme an der linken Seite des Mittelstücks): 2 re. zusammenstricken.

TIPP ZUM ABNEHMEN -2 (gilt für den Halsausschnitt):
Alle Abnahmen werden von der Vorderseite gemacht. NACH den 4 M. Krausrippe am Reihenanfang: 1 M. re. abheben, 1 re., die abgehobene über die gestrickte ziehen. VOR den 4 M. Krausrippe am Reihenende: 2 re. zusammenstricken.

TIPP ZUM AUFNEHMEN:
Es wird in dem glatt rechts gestrickten Teil je 1 M aufgenommen, indem man nach der ersten M glatt re NACH dem ersten Mustersatz M1 und vor der 1. M glatt re VOR dem zweiten Mustersatz in M1 einen Umschlag macht. Die Aufnahmen sind also ebenso wie die Abnahmen in dem glatt re gestrickten Teil in der Mitte. Bei der nächsten R. wird der Umschlag verschränkt gestrickt (d.h. man sticht in das hintere Glied der Masche ein).

RÜCKENTEIL:
Die Arbeit wird hin und zurück gestrickt. Mit Muskat auf Nadel Nr. 3,5, 118-128-138-148-158-168 M. anschlagen (inkl. 1 Randm. auf beiden Seiten). 2 Krausrippen stricken – siehe oben. Danach von der Vorderseite wie folgt: 1 Randm. in Krausrippe, 16-20-24-28-31-34 M. glatt, M1 (= 26 M.), 32-34-36-38-42-46 M. glatt, M1 (= 26 M.), 16-20-24-28-31-34 M. glatt und 1 Randm. in Krausrippe.
LESEN SIE DIE GANZE ANLEITUNG, BEVOR SIE WEITERSTRICKEN! Nach ca. 15-16-17-18-19-20 cm (nach einem ganzen Rapport M.1) bei der nächsten R. von der Vorderseite 4 M. abn. – TIPP ZUM ABNEHMEN -1! Die Abnahmen bei jeder 10 R. wiederholen (d.h. bei der 1. R. in M1) total 10 Mal = 78-88-98-108-118-128 M. Die Arbeit misst jetzt ca. 45-46-47-

Minikleid oder Longpullover

48-49-50 cm. Nach 49-50-51-52-53-54 cm bei der nächsten R. von der Vorderseite 2 M. aufnehmen – SIEHE TIPP ZUM AUFNEHMEN! Bei jeder 6. R. total 7 Mal wiederholen = 92-102-112-122-132-142 M.

ARMLOCH:
Nach 66-67-68-69-70-71 cm auf beiden Seiten für das Armloch abk.: 4 M. 1 Mal (bei allen Größen), 3 M. 0-0-1-2-2-3 Mal, 2 M. 1-2-2-3-4-4 Mal und 1 M. 1-3-4-3-4-4 Mal = 78-80-82-84-88-92 M. (alle M. außerhalb von M1 sind jetzt abgenommen). Mit M1 und glatt über die mittleren 26-28-30-32-36-40 M. weiterfahren.

HALS:
Nach 81-83-85-87-89-91 cm über die mittleren 26-28-30-32-36-40 M. 2 Krausrippen stricken (die restlichen M. wie gehabt), danach die mittleren 18-20-22-24-28-32 M. für den Hals abk. (= 30 M.) Jetzt die Teile separat stricken. Mit M1 und den äußersten 4 M. gegen den Hals in Krausrippe weiterfahren. Nach ca. 84-86-88-90-92-94 cm (nach einem ganzen Rapport in M1) abk.

VORDERTEIL:
Wie das Rückenteil anschlagen und stricken. Nach ca. 61-62-63-64-65-66 cm (die nächste R. wird von Vorderseite stricken) über die mittleren 8 M. 2 Krausrippen stricken. Danach die Arbeit in der Mitte teilen und die M. auf der rechten Seite auf einen Hilfsfaden legen.

LINKE SEITE:
HALS: Die 4 M. gegen den Hals in Krausrippe stricken. Die restlichen M. wie gehabt stricken. GLEICHZEITIG bei der nächsten R. von der Vorderseite 1 M. gegen den Hals abn. – SIEHE TIPP ZUM ABNEHMEN-2, bei der

4. R. total 5-6-7-8-10-12 Mal und danach bei jeder 6. R. total 4 Mal wiederholen.

ARMLOCH:
Gleichzeitig nach 66-67-68-69-70-71 cm auf der Seite wie am Rückenteil für das Armloch abk. Nach allen Abnahmen sind 30 M. auf der Nadel. Mit M1 und 4 M. Krausrippe gegen die Mitte weiterfahren und nach ca. 84-86-88-90-92-94 cm (dem Rückenteil anpassen) abk.

RECHTE SEITE:
Die M. vom Hilfsfaden wieder auf die Nadel legen und wie die linke Seite stricken. Achten Sie bitte darauf: Vorne in der Mitte anfangen und in der erste M. der anderen Seite eine M. aufnehmen. Danach diese mit der ersten M. zusammenstricken, damit es keine Stufe gibt.

ÄRMEL:
Die Arbeit hin und zurück stricken. Mit Muskat auf Nadel Nr. 3,5, 72-76-80-84-90-96 M. anschlagen (inkl. 1 Randm. auf beiden Seite). 2 Krausrippen stricken. Danach glatt weiterfahren. Nach 2 cm beidseitig, am Anfang der R. für die Armkugel abk.: 4 M. 1 Mal, 3 M. 1 Mal, 2 M. 3 Mal und 1 M. 3-5-6-8-9-11 Mal, weiter auf beiden Seiten je 2 M. abk., bis die Arbeit 9-10-11-12-13-14 cm misst. Danach auf beiden Seiten je 3 M. 1 Mal abk. Danach abk. Die Arbeit misst ca. 10-11-12-13-14-15 cm.

ZUSAMMENNÄHEN:
Die Schulternähte schließen. Die Ärmel einnähen und danach die Ärmel-Seitennaht zusammennähen.

Minikleid oder Longpullover

Diagramm

☐ = re. auf der Vorderseite und li. auf der Rückseite
☒ = re. von der Rückseite.
◪ = 2 re. zusammen.
◩ = 1 M. re. abheben, 1 re., die abgehobene über die gestrickte ziehen.
0 = 1 Umschlag zwischen 2 M.

M.1

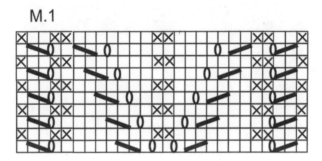

Dieses Bild sehen Sie in Farbe auf Bildtafel 6

Sommerkleid

Größe: XS - XXL

Größe:
XS - S - M - L - XL - XXL

Material:
z.B. Garnstudios DROPS MUSKAT
500-550-600-650-750-800 g Fb. Nr. 30, gelb

Strick- und Rundstricknadelstärke:
4,5 mm (80 cm) (z.B. DROPS)

Maschenprobe:
20 M. x 26 R. glatt gestrickt = 10 x 10 cm

Häkelnadelstärke:
4 mm (z.B. DROPS)

KRAUSRIPPE (hin und zurück):
1 Krausrippe = 2 R. re. KRAUSRIPPE (auf Rundstricknadel) 1 Krausrippe = 2 Runden. 1. R.: li., 2. R.: re.

MUSTER:
Siehe Diagramm M1 und M2. Das Diagramm zeigt das Muster von der rechten Seite.

TIPP ZUM ABNEHMEN-1:
VOR dem Markierungsfaden: 2 re. zusammen.
NACH dem Markierungsfaden: 1 M. re. abheben, 1 re., die abgehobene

über die gestrickte ziehen.
Bitte beachten Sie: Die li.-Maschen in M1 dürfen sich nicht verschieben.

TIPP ZUM ABNEHMEN-2:
Alle Abnahmen werden von der rechten Seite gemacht. Vor oder nach 9 M. Muster und 3 M. Kraussrippe abn. = 12 M.
VOR 12 M.: 2 re. zusammen.
NACH 12 M.: 1 M. re. abheben, 1 re., die abgehobene über die gestrickte ziehen.

TIPP ZUM AUFNEHMEN:
Auf beiden Seiten der Markierungsfäden aufnehmen, indem man 1 Umschlag macht – damit es kein Loch gibt wird der Umschlag bei der nächsten R. verschränkt gestrickt (d.h. man sticht in das hintere Glied der Masche ein).

KLEID:
Die Arbeit wird rund gestrickt. Mit Muskat auf Rundstricknadel Nr. 4,5, 204-216-240-252-276-288 M. anschlagen. 1 R. li., 1 R. re. und 1 R. li. stricken. Danach mit M1 weiterfahren. STIMMT DIE MASCHENPROBE? Nach 18-18-18-20-22-26 cm wie folgt 6 Markierungsfäden einziehen: 32-34-38-40-44-46 M. stricken, Markierungsfaden-1 einziehen, 37-39-43-45-49-51 M. stricken, Markierungsfaden-2, 33-35-39-41-45-47 M. stricken, in die letzte gestrickte M. Markierungsfaden-3 einziehen (= Seite), 32-34-38-40-44-46 M. stricken, Markierungsfaden-4 einziehen, 37-39-43-45-49-51 M. stricken, Markierungsfaden-51 einziehen, 33-35-39-41-45-47 M. stricken, Markierungsfaden-6 in die letzte gestrickte M. ziehen (= Seite). Bei der nächsten R. auf beiden Seiten des Markierungsfadens 3 und 6 (in den Seiten) je 1 M. abn. SIEHE TIPP ZUM ABNEHMEN-

Sommerkleid

1. Diese Abnahmen bei jeder 6. R. total 13-12-14-13-11-10 Mal wiederholen. GLEICHZEITIG bei der 8.-7.-9.-8.-6.-5. Abnahme bei den 4 anderen Markierungsfäden wie folgt: NACH dem 1. und 4. Markierungsfaden und VOR dem 2. und 5. Markierungsfaden abn. – SIEHE TIPP ZUM ABNEHMEN-1. Diese Abnahmen bei jeder 6. R. (gleichzeitig mit den Seiten) total 6 Mal wiederholen. Nach allen Abnahmen sind noch 128-144-160-176-208-224 M. auf der Nadel. Mit M1 weiterfahren, bis die Arbeit ca. 47-48-49-50-51-52 cm misst – nach mindestens 2 R. glatt. Die Markierungsfäden 1., 2., 4. und 5. herausziehen. M2 stricken – damit das Muster vorne aufgeht (s. S. 68), beim richtigen Pfeil unten im Diagramm anfangen (vordere Mitte, siehe Pfeil oben im Diagramm). Nachdem M2 einmal in der Höhe gestrickt ist, die nächste R. wie folgt: 19-23-27-31-39-43 M. glatt, M2 über die mittleren 25 M. vorne (von der 7. R. im Diagramm stricken und von der 7.-22. R. wiederholen), und die restlichen M. glatt. GLEICHZEITIG bei der 4. R. glatt auf beiden Seiten der Markierungsfäden je 1 M. aufnehmen – TIPP ZUM AUFNEHMEN! Die Aufnahmen bei jeder 4. R. total 7 Mal wiederholen = 156-172-188-204-236-252 M. Nach ca. 67-68-69-70-71-72 cm (die nächste R. wird mit Umschlägen gestrickt) über die mittleren 7 M. vorne in der Mitte 2 KRAUSSRIPPEN stricken. Die restlichen M. wie gehabt. Bei der nächsten R. vorne die mittlere M. abk. Bei der gleichen R. auf beiden Seiten je 7 M. für das Armloch abk. (d.h. die M. mit dem Markierungsfaden und je 3 M. auf beiden Seiten). Jetzt jede Seite einzeln fertig stricken.

LINKES VORDERTEIL:

= 35-39-43-47-55-59 M. Mit je 3 Kraussrippen gegen die Mitte, 9 M. M2 und die restlichen M. glatt weiterstricken. GLEICHZEITIG gegen den Hals und für das Armloch abk.

HALS:
Nach 12 M. 1 M. abn. – SIEHE TIPP ZUM ABNEHMEN-2, die Abnahmen bei jeder 2. R. total 9-10-10-10-10-11 Mal und danach bei jeder 4. R. 5-5-5-6-6-6 Mal wiederholen.

ARMLOCH:
Bei jeder R. gegen die Seite abk.: 3 M. 0-0-1-1-2-2 Mal, 2 M. 0-1-1-2-3-4 Mal und 1 M. 1-2-2-3-3-4 Mal. Nach allen Abnahmen sind 20-20-21-21-24-24 M. auf der Nadel. Nach 86-88-90-92-94-96 cm abk.

RECHTES VORDERTEIL:
Wie das linke Vorderteil, nur spiegelverkehrt.

RÜCKENTEIL:
= 71-79-87-95-111-119 M. Glatt weiterstricken und auf beiden Seiten wie am Vorderteil für das Armloch abk. = 69-71-73-75-81-83 M. Nach 83-85-87-89-91-93 cm über die mittleren 35-37-37-39-39-41 M. 2 Kraussrippen stricken (die restlichen M. werden glatt gestrickt), danach die mittleren 29-31-31-33-33-35 M. für den Hals abk. Jetzt jede Seite einzeln fertig stricken. Mit 3 M. Kraussrippe gegen den Hals weiterstricken, bis die Arbeit 86-88-90-92-94-96 cm misst und danach abk.

ÄRMEL:
Die Arbeit wird auf einer Rundstricknadel hin und zurück gestrickt. Mit Muskat auf Nadel Nr. 4,5, 62-62-68-68-74-80 M. anschlagen (inkl. 1 Randm. auf beiden Seiten. 2 Kraussrippen stricken. Danach mit M1 mit je 1 Randm. auf beiden Seiten stricken. Nach 2 cm auf beiden Seiten je 1 M. aufnehmen und bei jeder 2. R. total 2-4-3-5-5-4 Mal wiederholen. Die neuen M. werden glatt gestrickt = 66-70-74-78-84-88 M. Nach 6 cm auf

Sommerkleid

beiden Seiten gegen die Armkugel abk.: 4 M. 1 Mal, 2 M. 3 Mal und 1 M. 1-2-4-5-6-8 Mal. Weiter auf beiden Seiten 2 M. abk. bis die Arbeit 12-13-14-15-16-17 cm misst. Danach 4 M. 1 Mal abk. Die restlichen M. abk. Die Arbeit misst ca. 13-14-15-16-17-18 cm.

ZUSAMMEN:
Die Schulternaht zusammennähen. Die Ärmelnaht zusammennähen und die Ärmel einnähen.

HÄKELKANTE:
Am Ärmel und am Vorder- und Rückenteil mit Muskat auf Nadel Nr. 4 eine Kante häkeln: 1. R.: 1 fM in die erste M., * 4 Lm, 2 M. überspringen, 1 fM in die nächste M. *, von *-* wiederholen und mit 1 Kettm. in die erste fM abschließen. 2. R.: Kettm. bis in die Mitte des ersten Lm-Bogens, 1 fM in den Lm-Bogen, * 2 Lm, 1 fM in den nächsten Lm-Bogen, 5 Lm, 1 fM in den nächsten Lm-Bogen *, von *-* wiederholen und mit 1 Kettm. in die erste Fm abschließen. 3. R.: In jeden der großen Lm-Bogen: 1 fM, 5 Stb und 1 fM, in die kleinen Lm-Bogen fM, nach dem letzten großen Lm-Bogen 3 Lm. Rund um den Hals mit Muskat auf Nadel Nr. 4 – hinten in der Mitte anfangen: 1 fM in die erste M., * 1 Picot (= 4 Lm, 1 Stb in die erste Lm), ca. 1½ cm überspringen, 1 fM in die nächste M. *, von *-* wiederholen und mit 1 Kettm. in die erste fM abschließen.

Diagramm

☐ = re. auf der Vorderseite und li. auf der Rückseite

☒ = li. auf der Vorderseite und re. auf der Rückseite

⌇ = 2 re. zusammen, 1 Umschlag

⌇ = 1 Umschlag, 1 M. re. abheben, 1 re., die abgehobene über die gestrickte ziehen.

⌇ = 1 Umschlag, 1 M. re. abheben, 2 re. zusammen, die abgehobene über die gestrickte ziehen, 1 Umschlag

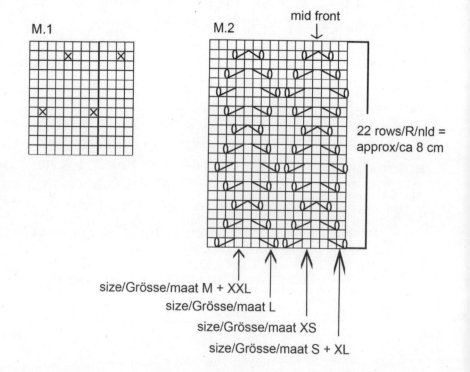

22 rows/R/nld = approx/ca 8 cm

size/Grösse/maat M + XXL
size/Grösse/maat L
size/Grösse/maat XS
size/Grösse/maat S + XL

Sommerkleid

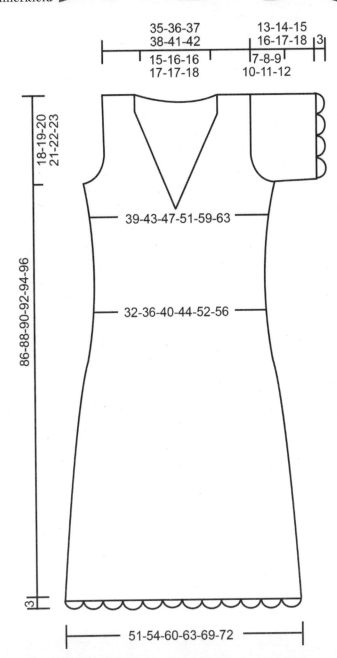

Dieses Bild sehen Sie in Farbe auf Bildtafel 7

Kindermütze und Schal

MÜTZE

Größe in Jahren:
3/6 – 7/10 – 11/12 Jahre

Größe in cm:
98/116 – 122/140 – 146/152 cm

Material:
z.B. Garnstudios DROPS ALPACA
50 g Nr. 3112, staubrosa

Und:
z.B. Garnstudios DROPS KID-SILK
25 g Nr. 03, hellrosa

Nadelspiel und Rundstricknadelstärke:
5 mm (40 cm) (z.B. DROPS)

Maschenprobe:
17 M. x 22 R. mit 1 Faden jeder Qualität glatt gestrickt = 10 x 10 cm.

KRAGENSCHAL

Größe in Jahren:
3/6 – 7/10 – 11/12 Jahre

Größe in cm:
98/116 – 122/140 – 146/152 cm

Material:
z.B. Garnstudios DROPS ALPACA
100 g Nr. 3112, staubrosa

Und:
z.B. Garnstudios DROPS KID-SILK
50 g Nr. 03, hellrosa

Nadelspiel- und Rundstricknadelstärke:
5 mm (40 cm) (z.B. DROPS)

Holzknopf HELL, 503: 1 Stk. (z.B. DROPS)

Maschenprobe:
17 M. x 22 R. mit 1 Faden jeder Qualität glatt gestrickt = 10 x 10 cm.

KRAUS RECHTS (rund gestrickt)
1 Krausrippe = 2 Runden. 1. Rd.: li., 2. Rd.: re.

KRAUS RECHTS (hin und zurück, für den Kragen):
Alle M re. stricken, 1 Krausrippe = 2 R. re.

Kindermütze und Schal

MUSTER:
Siehe Diagramm. Das Diagramm zeigt die Hin- und die Rückreihen von der Vorderseite.

MÜTZE:
Die Arbeit wird rund gestrickt. Mit 1 Faden jeder Qualität auf Nadel Nr. 5, 84-88-92 M. anschlagen und 4 KRAUSRIPPEN (= 8 Rd.) stricken – siehe oben. Danach A-1 einmal in der Höhe stricken. Bei der 5. Rd. gleichmäßig verteilt 18-14-14 M. abn. = 66-74-78 M. Noch 2-3-3 x A-1 stricken, dabei jeweils in der 5. Rd. die Abnahmen stricken = 30-32-36 M. 5 Rd. re. stricken und danach fortlaufend je 2 M. zusammenstricken. Den Faden abschneiden und durch die restlichen M. ziehen.

KRAGENSCHAL:
Mit 1 Faden jeder Qualität auf Rundnadel Nr. 5, 122-136-146 M. anschlagen und 7-7-8 Krausrippen (14-14-16 Rd.) stricken. Danach A-1 stricken und GLEICHZEITIG bei der 5. Rd. im Diagramm gleichmäßig verteilt 12-12-10 M. abn. Muster A-1 noch 2-2-3 x wdh. und jeweils bei der 5. Rd. wie gehabt abn. = 86-100-106 M. Danach 5 Rd. re. und GLEICHZEITIG bei der 5. Rd. gleichmäßig verteilt 12-12-10 M. abn. = 74-88-96 M. Den Anfang der Rd. markieren und die nächste Rd. wie folgt stricken: Re über alle M. stricken und am Schluss 10-10-12 neue M. anschlagen = 84-98-108 M. Die Arbeit drehen und kraus re. in Hin- und Rück-R stricken. Nach 6-6-7 Krausrippen (=12-12-14 R) abketten.

ZUSAMMENNÄHEN:
Die Blende innen am Halsausschnitt annähen und den Knopf durch beide Lagen annähen.

A-1 · 2 Links zusammen
ochmuster · Umschlag + 1 Masche re

Diagramm

☐ = 1 M re.

▨ = 2 M re. zusammenstricken

⌯ = 1 Umschlag zwischen 2 M.

☒ = 1 M li.

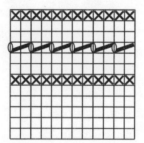

A.1

Dieses Bild sehen Sie in Farbe auf Bildtafel 8

Kinderpullunder

Größe:
3/4 - 5/6 - 7/8 - 9/10 - 11/12 Jahre

Größe in cm:
98/104 - 110/116 - 122/128 - 134/140 - 146/152

Material:
z.B. DROPS LIMA von Garnstudio
200-250-250-300-300 g Farbe 8112, eisblau

Rundstricknadelstärke:
4 mm (60 cm) (z.B. DROPS) oder die benötigte Nadelstärke, um folgende Maschenprobe zu erhalten: 21 M x 28 R glatt re. = 10 x 10 cm. Rundstricknadelstärke: 3 mm (40 und 60 cm) (z.B. DROPS) – für das Bündchenmuster.

KRAUS RECHTS (in Hin- und Rückreihen gestrickt):
Alle Maschen re. stricken – gilt in dieser Anleitung für die Randmasche.

MUSTER:
Siehe Diagramm A.1 und A.2. Das Diagramm zeigt das Muster von der Vorderseite.

TIPP ZUR ABNAHME-1 (V-Ausschnitt):
Nehmen Sie neben der Randmasche ab, die immer re. gestrickt wird. Alle Abnahmen werden von der Vorderseite gemacht.

ABNAHME NACH DER RANDMASCHE:
1 M. wie zum rechts stricken abheben, 1 re., die abgehobene über die gestrickte M. ziehen.

ABNAHME VOR DER RANDMASCHE:
2 re. zusammenstricken.

TIPP ZUR ABNAHME-2 (Bündchen am Halsausschnitt):
Auf beiden Seiten der beiden re. M. in der Mitte des vorderen Ausschnitts: Stricken, bis noch 1 M. vor den beiden mittleren re. M. übrig ist, 2 re. zusammen, 1 M. wie zum rechts stricken abheben, 1 re., die abgehobene über die gestrickte M. ziehen.

RUMPFTEIL:
Die Arbeit wird auf einer Rundnadel rund gestrickt. 148-156-176-184-204 M auf Rundnadel 3 anschlagen. 1 Rd. re stricken, dann Bündchenmuster 2 re. / 2 li. stricken. Nach 5 cm im Bündchenmuster 1 Rd. re. stricken und GLEICHZEITIG in dieser R. gleichmäßig verteilt 28-28-32-32-36 M. abnehmen = 120-128-144-152-168 M. Zu Rundnadel 4 wechseln und glatt re. stricken. GLEICHZEITIG den Anfang der Rd. markieren und nach 60-64-72-76-84 M. eine zweite Markierung (andere Seite) setzen. Eine weitere Markierung in der vorderen Mitte anbringen (d.h. nach 30-32-36-38-42 M.). Nach 6-7-8-9-8 cm beidseitig der beiden Seitenmarkierungen je 1 M. aufnehmen (=4 M. aufgenommen). Diese Aufnahmen noch 2 x alle 5½-6-7-7-8 cm vornehmen = 132-140-156-164-180 M. Gleichzeitig nach 9-10-11-12-12 cm Gesamthöhe bis 6-7-8-8-8 M. nach der mittleren Markierung stricken. Die nächsten 16-20-20-24-24 M für die Taschenöffnung auf eine Hilfsnadel legen, 16-20-20-24-24 neue M. anschlagen und weiter in Runden über alle M. stricken. Die Markierung

Kinderpullunder

in der vorderen Mitte kann jetzt entfernt werden. Nach 18-20-23-24-25 cm das Diag A.1 stricken. Nachdem 1 x A.1 in der Höhe gestrickt wurde, A.2 bis zum Ende der Arbeit stricken. Gleichzeitig nach 22-24-27-28-29 cm die nächste Rd. wie folgt: 34-36-40-42-46 M. stricken, die 2 letzten gestrickten M. auf eine Hilfsnadel stilllegen und die restlichen 98-104-116-122-134 M. stricken. Ab nun wird in Hin- und Rückreihen gestrickt, beginnend bei der vorderen Mitte. GLEICHZEITIG in der nächsten Hinreihe für den V-Ausschnitt am Anfang und am Ende jeder Reihe 1 M abnehmen – SIEHE ABNAHME TIPP-1 – Diese Abnahmen noch 5 x in jeder 2. Reihe (d.h. in jeder Hinreihe) und dann 5-5-5-7-7 x in jeder 4. Reihe (d.h. in jeder 2. Hinreihe) wiederholen. GLEICHZEITIG nach 24-26-29-30-31 cm auf jeder Seite 6 M. für das Armloch abketten (d.h. 3 M auf jeder Seite der Markierung) und nun das VORDER- und RÜCKENTEIL separat stricken.

RÜCKENTEIL:
= 60-64-72-76-84 M. Weiter in der Musterfolge stricken und GLEICHZEITIG für das Armloch am Anfang jeder Reihe wie folgt abketten:1 x 3 M, 2 x 2 M und 1-1-3-3-5 x 1 M = 44-48-52-56-60 M. Im Muster weiterstricken, dabei die Randmasche immer rechts stricken – siehe oben. Nach 36-39-43-45-47 cm die mittleren 20-20-20-24-24 M. für den Halsausschnitt abketten und die Schultern einzeln fertig stricken. Für die Halsrundung in der nächsten R 2 M. abketten = 10-12-14-14-16 M. Nach 38-41-45-47-49 cm die M. abketten, wie sie erscheinen.

RECHTES VORDERTEIL:
Im Muster und mit der Abnahme für den V-Ausschnitt fortfahren. GLEICHZEITIG für das Armloch an Anfang jeder Hinreihe wie beim Rückenteil abketten.Nach allen Abnahmen bleiben 10-12-14-14-16 M. für die Schulter. Nach 38-41-45-47-49 cm – bitte darauf achten, dass Vor-

der- und Rückenteil gleich lang sind – die M. abketten, wie sie erscheinen.

LINKES VORDERTEIL:
Wie das rechte Vorderteil stricken, aber spiegelverkehrt.

FERTIGSTELLEN:
Schulternähte schließen. TASCHE (BÜNDCHEN): Die 16-20-20-24-24 M von der Hilfsnadel auf eine Nadel 3 nehmen und Bündchenmuster 2 re. / 2 li. in Hin- und Rückreihen stricken. Die Randm. immer re. stricken und die R. beginnt und endet mit 2 M. re. (von der Vorderseite gesehen). Nach ca. 2,5 cm die M. abketten, wie sie erscheinen. Das Taschenbündchen auf beiden Seiten sorgfältig mit Maschenstich am Vorderteil annähen. Für eine «falsche» Tasche kann nun die Naht von der Rückseite geschlossen werden. Wenn Sie eine richtige Tasche möchten, stricken Sie zunächst das Bündchen wie oben beschrieben und nähen es an den Seiten fest, schließen Sie aber nicht die untere Öffnung. Dann mit Rundnadel 4 aus jeder der neu angeschlagenen 16-20-20-24-24 M eine M aufnehmen. In Hin- und Rückreihen von oben nach unten stricken, bis die Tasche ca. 4-5-6-7-7 cm misst. Locker abketten. Von der Rückseite mit lockeren Stichen annähen.

ARMAUSSCHNITT (BÜNDCHEN):
Mit der kurzen Rundnadel 3 ca. 65 bis 80 M. rund um das eine Armloch auffassen. 1 Rd. re. stricken und GLEICHZEITIG gleichmäßig verteilt bis auf 80-84-88-96-100 M. aufnehmen. Im Bündchenmuster 2 re. / 2 li. stricken, bis das Bündchen ca. 2,5 cm misst. Die M. locker abketten wie sie erscheinen. Am anderen Armloch wiederholen.

HALSAUSSCHNITT (BÜNDCHEN):

Mit der kurzen Rundnadel 3 ca. 90 bis 112 M. (inkl. der 2 M von der Hilfsnadel an der vorderen Mitte) auffassen. 1 Rd. re. stricken und GLEICHZEITIG gleichmäßig verteilt bis auf 112-120-124-136-140 M. aufnehmen, dabei aber über den beiden vorderen Mittelmaschen keine Aufnahme machen. Im Bündchenmuster 2 re. / 2 li. stricken und darauf achten, dass 2 M. re. genau in die vordere Mitte kommen. GLEICHZEITIG – in der 2. Runde – beidseitig der beiden vorderen Mittelmaschen je 1 M. abnehmen – SIEHE TIPP ZUR ABNAHME-2 – Diese Abnahmen noch 3 x in jeder 2. Rd. wiederholen. Nach 2,5 cm die Maschen locker abketten, wie sie erscheinen.

Diagramm

☐ = 1 M. re. in Hin-R, 1 M. li. in Rück-R
■ = 1 M. li. in Hin-R, 1 M. re. in Rück-R

A.1
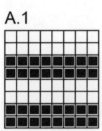

A.2
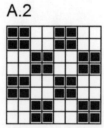

Kinderpullunder

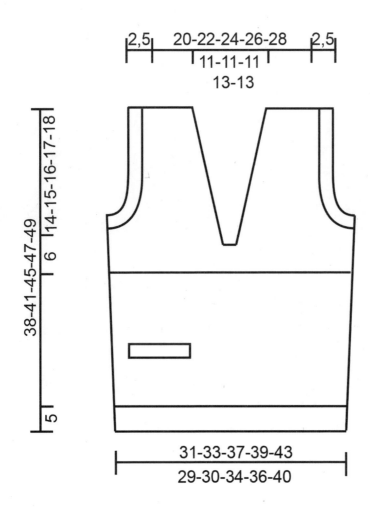

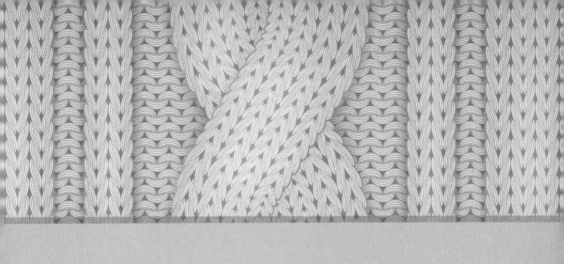

Schals stricken

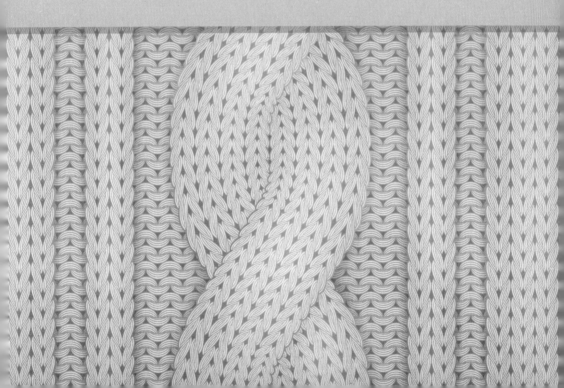

Dieses Bild sehen Sie in Farbe auf Bildtafel 9

Herrenschal

Material:
Polyacryl GRAU, 2 x 50 g (z.B. Schachenmayr Bravo)

Nadelstärke:
4,5 mm

80 Machen aufschlagen. 1 R. (Hinreihe) Rdm. 10 x (4 M. re., 4 M. li.) Rdm., 2 R. (Rückreihe) Rdm. 10 x (4 M. li., 4 M. re.) Rdm.

Wiederholen, bis die gewünschte Länge erreicht ist. Der abgebildete Schal hat eine Länge 160 cm.

Die Fäden vernähen.

Dieses Bild sehen Sie in Farbe auf Bildtafel 10

Loop „Rot"

Material:
Schurwolle ROT, 2 x50 g (z.B. Schachenmayr select)

Rundstricknadelstärke:
12 mm/60 cm

120 M. aufschlagen, die Stricknadel wenden und in die 1 M. re. stricken, dadurch werden die beiden Strickenden zusammengefasst.

1 R. 1 M. re.*, 1 M. li., 1 M. re. - ab * ständig wiederholen, bis zu einer Höhe von 16 cm.

Die Fäden vernähen.

Dieses Bild sehen Sie in Farbe auf Bildtafel 11

Schalkragen „Schwarz"

Material:
Baumwolle SCHWARZ, 1 x50 g (z.B. Schachenmayr Catania)

Rundstricknadelstärke:
4,5/40cm – hier wurde eine größere Nadelstärke gewählt. Dadurch wird der Schalkragen besonders locker. Sollten Sie besonders fest stricken, wählen Sie eine entsprechend größere Nadel.

70 M aufschlagen, die Stricknadel wenden und in die 1 M. re. stricken, dadurch werden die beiden Strickenden zusammengefasst.

1 R. 1 M re.*, 1 M li., 1 M. re. – ab * ständig wiederholen, bis zu einer Höhe von 28 cm.

Die Fäden vernähen.

Dieses Bild sehen Sie in Farbe
auf Bildtafel 12

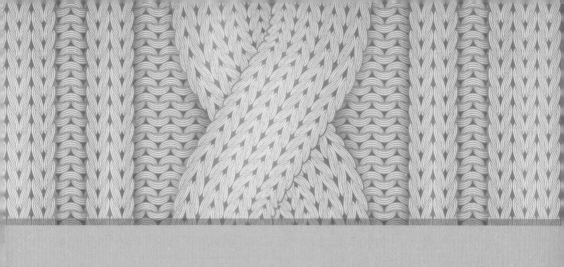

Socken stricken

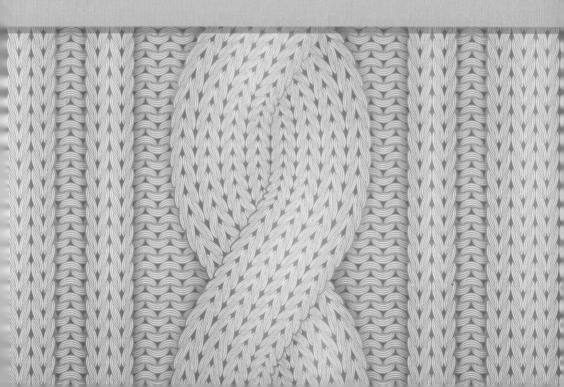

Zum Stricken von Socken benötigen Sie sogenannte Socken- bzw. Strumpfwollen. Strumpfwolle ist zumeist besonders strapazierfähig, elastisch und wärmend. Die Füße sollen ja auch durch die Socken geschützt und vor allem in den Wintermonaten warm gehalten werden. Wählen Sie deshalb eine „gute" Wolle und zeigen Sie Mut zur Farbe. Dabei können Sie wählen zwischen luftigen Sommer- und wärmenden Wintergarnen. Auf alle Fälle sind Ihre selbstgestrickten Socken Unikate und genau darin liegt der Reiz, wie bei allen anderen Handarbeiten, denn Ihre Socken kann man nicht im Laden kaufen.

Socken können in den verschiedensten Mustern gearbeitet werden. Für Anfänger beschreiben wir auf den folgenden Seiten der Einfachheit halber eine „glatte" Socke ohne Muster und mit der „klassischen" Ferse.

Grundkurs zum Stricken von Socken

Die Maschenanzahl richtet sich nach der jeweiligen Schuhgröße und wird auf vier Nadeln (Nadelspiel) aufgenommen.

Beispiel:
Haben Sie Schuhgröße 36/37 oder 38/39, müssen 60 Maschen aufgenommen werden, das bedeutet 15 Maschen auf jeder Nadel.

Die Nadeln werden dann zu einer „Runde" gelegt. Das heißt, das Fadenende sollte dabei zwischen der 1. und 4. Nadel liegen. Jetzt kann mit der 5. Nadel die erste Runde gestrickt und am Ende der 4. Nadel geschlossen werden.

Schuh-Größe 22/23 – insges. 44 Maschen
Schuh-Größe 30/31 – insges. 52 Maschen

Schuh-Größe 36/37 und 38/39 – insges. 60 Maschen
Schuh-Größe 40/41 – insges. 64 Maschen
Schuh-Größe 44/45 – insges. 68 Maschen

Material:
75 % Schurwolle, 25 % Polyacryl 4-fädig, 50 g (z.B. von Regina)

Nadelspiel:
2-3 mm

Beispiel für Schuhgröße 38/39

Die Arbeit beginnt am Bein und wird im „Bündchenmuster" entweder 1 M. re. und 1 M. li. im Wechsel, oder 2 M. re. Und 2 M. li. (wie im vorliegenden Bildmuster).

Dann geht es weiter im Grundmuster der Socke. Ein geeignetes Grundmuster für Anfänger sind glatt re. M. (wie im vorliegenden Bildmuster). Die M. der 1. und 4. Nadel müssen auf alle Fälle, also bei allen Mustern, ab der Ferse glatt re. gestrickt werden.

Die „klassische" Ferse

Nach 20 cm Gesamthöhe wird die Ferse gestrickt. Die M. auf der 2. und 3. Nadel stilllegen und für die Fersenhöhe die M. der 1. und 4. Nadel mit 28 Reihen glatt re. stricken.

Für die Fersenkappe werden drei Hilfsnadeln benötigt. Auf diese Hilfsnadeln werden die Fersenmaschen gleichmäßig aufgeteilt.

Auf der 1. und 2. Hilfsnadel werden die M. in der ersten Reihe rechts gestrickt, die letzte M. der 2. Hilfsnadel wird rechts abgehoben. Auf der 3. Hilfsnadel wird die erste M. rechts gestrickt und die abgehobene M. wird darüber gezogen. Ganze Socke auf die andere Seite legen und erste M. links abheben.

Die letzte M. der 2. Hilfsnadel re. abheben. Dann wird die erste M. der 3. Hilfsnadel re. gestrickt und die abgehobene M. darüber gezogen. Ganze Socke auf die andere Seite legen und erste M. li. abheben.

Weiter mit der 2. Hilfsnadel, die M. li. stricken, letzte M. mit der ersten M. der 1. Hilfsnadel zusammen stricken.

Wiederum alles wenden. Erste M. links abheben und M. der 2. Hilfsnadel re. stricken.

Diesen Block wiederholen, bis alle M. der 1. und 3. Hilfsnadel aufgebraucht sind.

Zum Auffassen der Fersenmaschen die M. der 2. Hilfsnadel auf die 1. und die 4. Nadel verteilen. Nun wieder „normale" Runden stricken, mit re. M.

Aus den Fersenkanten werden mit 1. und 4. Nadel aus der jeweils 2. Reihe eine M. aufgenommen. Zwischen Fersenkante und Bein jeweils eine M. aus dem quer liegenden Faden re. zunehmen.
Die M. der 2. und 3. Nadel werden im Grundmuster weiter gestrickt.

Auf der 1. und der 4. Nadel sollten jeweils 5 M. mehr sein, also 20 M.

Alle drei R. werden auf der 1. Nadel die zweit- und drittletzte M. zusammengestrickt. Bei 4. Nadel wird die erste M. re. gestrickt, die zweite M. re. abgenommen. Dann wird die dritte M. re. gestrickt und abgehobene M. darüber gehoben. Solange damit weitermachen, bis sich auf der 1. Und der 4. Nadel wieder 15 M. befinden.

Fuß
In Runden weiter glatt re. arbeiten. In 20 cm Länge ab Fersenmitte mit Spitze anfangen.

Spitze
Alle M. glatt re. stricken. Zweit- und drittletzte M. der 1. und 3. Nadel re. zusammen stricken. Die letzte M. wird re. gestrickt.

Erste M. der 2. und 4. Nadel re. stricken. Zweite M. re. abheben, 3. M. re. stricken und gerade abgehobene M. darüber heben.

Nach einer Abnahmerunde drei volle R. re. stricken.
Nach 4., 5. und 6. Abnahmerunde jeweils eine R. glatt re. stricken.

Danach in jeder Runde abnehmen, so bis noch acht M. übrig sind.

Faden zwei Mal durch diese M. ziehen und anschließend gut vernähen.

HÄKELN

Einleitung

Häkeln ist recht einfach zu erlernen und die Arbeit zeigt auch schnell große Fortschritte. Häkelarbeiten bestehen, neben Luft- und Kettmaschen, überwiegend aus Grundmaschen, die alle auf die gleiche Weise erarbeitet werden. Die Grundmaschen unterscheiden sich alleine in der Höhe voneinander, welche durch den Fadenumschlag reguliert wird.

Genau wie Stricknadeln gibt es Häkelnadeln in verschiedenen Materialien und Größen – von 0,60 mm bis 2,00 mm starken Stahlnadeln und von 2,00 mm bis 15,00 mm starken Aluminium- und Plastiknadeln.

Beim Häkeln wird mit nur einer Nadel gearbeitet und wie beim Stricken mit einem fortlaufenden Faden. Sie können zum Häkeln die gleichen Garne verarbeiten wie zum Stricken. Die Nadel wird bei Rechtshändern in der rechten Hand gehalten und der Arbeitsfaden läuft durch die linke Hand, für Linkshänder ist es evtl. umgekehrt.

Häkelschule
Zu Beginn einer Häkelarbeit steht die Aufnahme (Anschlagskette) der entsprechenden Maschen, beim Häkeln werden diese Maschen Luftmaschen genannt. Eine Luftmasche kann aber auch ein Teil eines Musters sein.

Anschlagskette
Die Anschlagskette sollte locker und gleichmäßig sein, damit sich die Nadel in der zweiten Reihe leicht durch die Machen führen lässt.

Eine Anfangsschlinge bilden. Dazu das Fadenende zu einer Schlinge legen. Die Häkelnadel durch diese Schlinge führen, den Arbeitsfaden von unten durch die Schlinge ziehen. Beide Fäden halten und den Knoten an die Nadel schieben, dieser Knoten bildet die erste Masche und bleibt auf der Häkelnadel liegen. Die Nadel liegt in der rechten Hand und die Fäden des Anfangsknotens werden zwischen Daumen und Zeigefinger der linken Hand festgehalten.

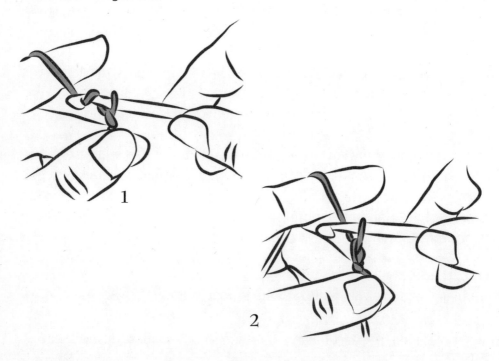

Der Arbeitsfaden liegt zwischen dem kleinen Finger und wird vom Ringfinger in Spannung gehalten. Die Nadel gegen den Uhrzeigersinn um den gespannten Faden schlagen (Umschlag) und durch den Anfangsknoten ziehen. Jetzt sind bereits zwei Luftmaschen vorhanden. Diese beiden Arbeitsschritte (Faden holen und durch die Masche ziehen) fortlaufend wiederholen, bis die gewünschte Maschenzahl erreicht ist.

Einleitung

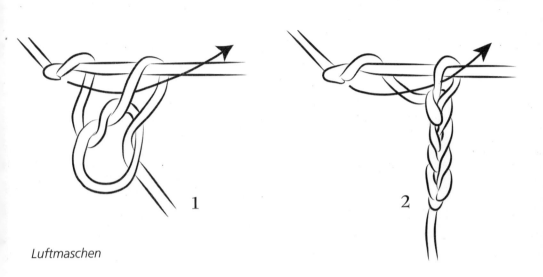

Luftmaschen

Grundmaschen:

Einfache Stäbchen
Stäbchen lassen sich vielseitig variieren und werden für die unterschiedlichsten Häkelarbeiten und Kleidungsstücke verwendet.
Zuerst die Anschlagskette häkeln.

1. Reihe:
Den Faden 1 mal um die Nadel schlagen (Umschlag) (Zeichnung 1), in die dritte Masche des Anschlagkette einstechen, Faden durch die 1. Schlinge ziehen (Zeichnung 2). Erneut den Faden holen und durch zwei Schlingen ziehen (Zeichnung 3). Den Faden wieder holen und durch die zwei letzten Schlingen ziehen (Zeichnung 4).

Einleitung

1

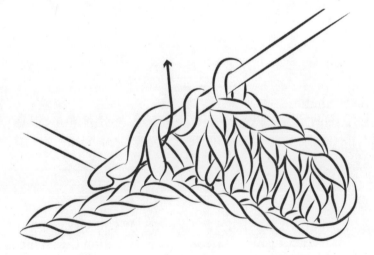

2

*Stäbchen
Luftmaschen Anschlag*

Einleitung

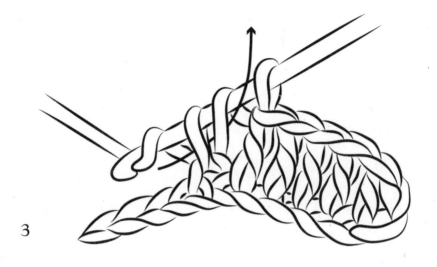

3

4

2. Reihe:
Die Arbeit wenden, zwei Luftmaschen häkeln s. S. 107-108 (zählen als erstes Stäbchen der neuen Reihe). Die erste Masche übergehen und in beide Schlingen der zweiten Masche der Vorreihe einstechen und, wie oben beschrieben, in jede weitere Masche, auch in die Wendemasche, Stäbchen arbeiten.

Doppelstäbchen

Zuerst die Anschlagskette häkeln.

1. Reihe:
Den Faden zweimal um die Nadel schlagen, vier Anschlagmaschen übergehen und durch die fünfte Luftmasche der Anschlagskette einstechen. Den Faden durch die Masche ziehen, es sind jetzt vier Schlingen auf der Nadel. Erneut den Faden holen und durch die ersten zwei Schlingen ziehen, es sind jetzt drei Schlingen auf der Nadel. Den Faden wieder holen und zwei letzten Schlingen ziehen, abschließend die übrigen zwei Maschen abmaschen.

2. Reihe:
Die Arbeit wenden und vier Luftmaschen häkeln, sie zählen als erstes Doppelstäbchen. Die erste Masche übergehen und ein Doppelstäbchen durch beide Schlingen der Vorderreihe häkeln. In alle weiteren Maschen, wie oben beschrieben, Stäbchen häkeln, auch in die Wendemasche.

Einleitung

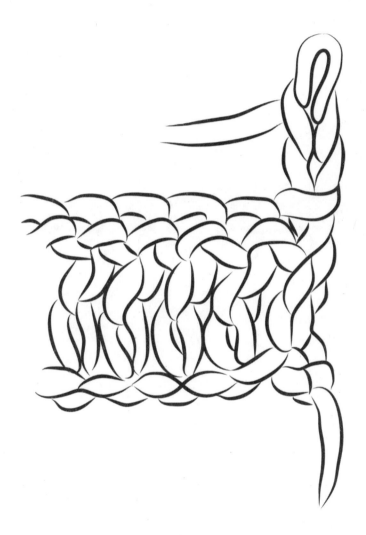

Wendeluftmaschen

Einleitung

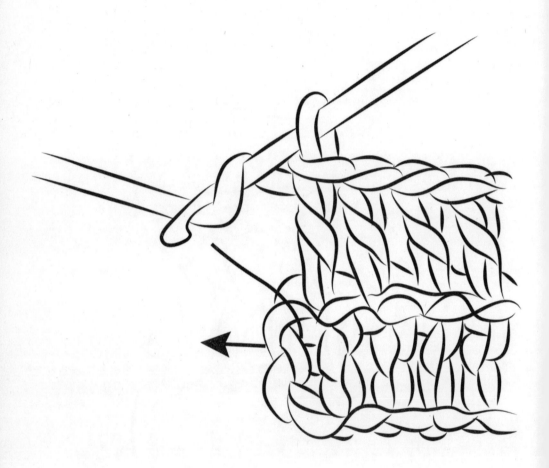

Wendeluftmaschen

Dreifachstäbchen

Zuerst die Anschlagskette häkeln.

1. Reihe:
Den Faden dreimal umschlagen und in die sechste Masche der Anschlagskette einstechen. Den Faden durch diese Masche ziehen, es sind jetzt fünf Schlingen auf der Nadel. Den Faden holen und durch zwei Schlingen durchziehen. Den Faden wieder holen und noch einmal durch zwei Schlingen ziehen.

Halbe Stäbchen

Eignen sich besonders gut für Mützen.
Zuerst die Anschlagskette häkeln.

1. Reihe:
Den Faden 1 mal um die Nadel schlagen (Zeichnung 1). Zwei Luftmaschen übergehen und in die dritte Masche der Anschlagskette einstechen. Den Faden durch die erste Schlinge ziehen (Zeichnung 2), Faden erneut holen und durch alle drei Schlingen ziehen (Zeichnung 3), das halbe Stäbchen ist fertig. Weiter so verfahren bis an das Ende der Anschlagskette und die Arbeit wenden.

2. Reihe:
Zwei Luftmaschen häkeln (sie zählen in der nächsten Reihe als erstes neue halbe Stäbchen). Die erste Mache übergehen, den Faden einmal umschlagen, in die zweite Masche (beide Schlingen) der Vorreihe einstechen und wieder zuerst durch die erste Schlinge ziehen, den Faden holen und

durch alle drei Schlingen ziehen, bis zum Reihenende. In die Wendemasche einstechen, zwei Luftmaschen häkeln, die Arbeit wenden und wie o.b. weiterarbeiten.

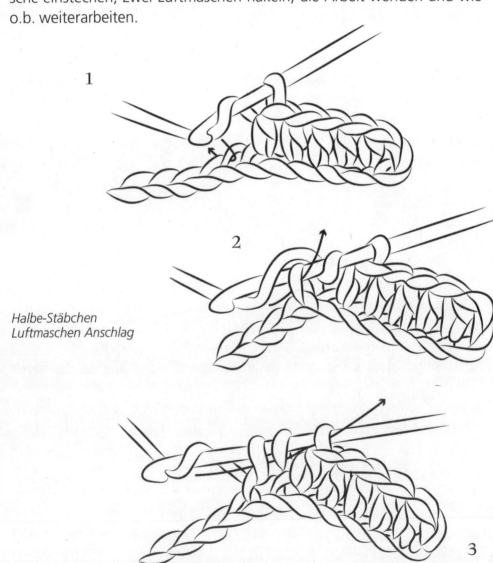

Halbe-Stäbchen Luftmaschen Anschlag

Einleitung

Kettmaschen

Werden überwiegend zum Abschließen einer Runde, zum Abnehmen oder zum Zusammenhäkeln verwendet. Sie können auch an Ausschnittkanten gearbeitet werden.

Zuerst die Anschlagskette häkeln.

Nur in die obere Schlinge der folgenden Masche einstechen und den Faden holen. Den Faden durch beide Schlingen auf der Nadel ziehen – die Kettmasche ist fertig.

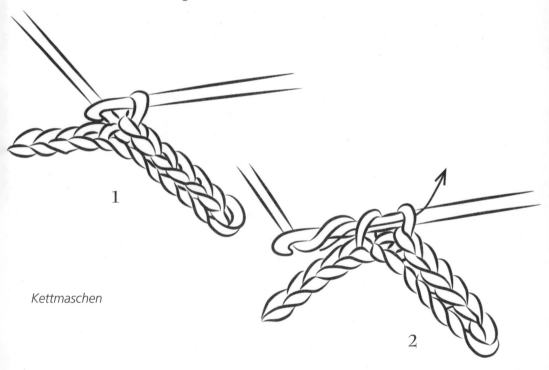

Kettmaschen

Maschenzunahme an beiden Seiten

Bei gleichmäßiger Maschenzunahme an beiden Seiten mit Stäbchen (egal welche Stäbchen) wie folgt häkeln:

Jede Reihe mit zwei Luftmaschen abschließen, wenden und gleich in die erste Luftmasche ein Stäbchen häkeln. Am Ende der Reihe ebenso verfahren.

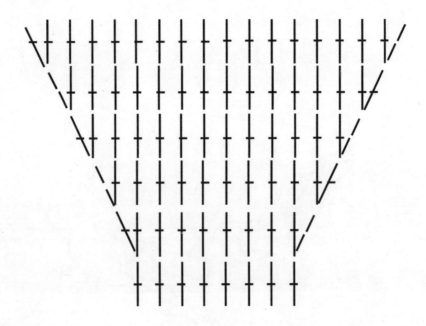

Zunahme an beiden Seiten

Maschenabnahme an beiden Seiten

Zum Abnehmen an beiden Seiten wird die Arbeit am Reihenende vor den abzunehmenden Maschen einfach gewendet. Die nächste Reihe wird wie zuvor abgenommen und am Ende der Reihe wird ebenfalls entsprechend vor Ende der Arbeit gewendet. Dadurch entsteht am Rand eine leichte Stufe. Diese Abnahmemethode lässt sich bei allen Grundmaschenarten anwenden.

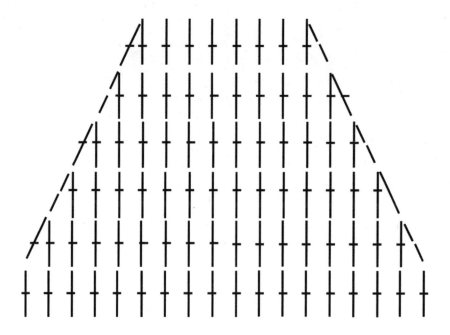

Abnahme an beiden Seiten

Abkürzungen

arb	arbeiten
abw	abwechselnd
abn	abnehmen
beg	beginnen
Bog	Bogen
M	Masche/n
Stb	Stäbchen
Dstb	Doppelstäbchen
3f-Stb	Dreifachstäbchen
hlb Stb	halbe Stäbchen
Lm	Luftmasche/n
W-Lftm	Wendeluftmasche/n
Kettm	Kettmasche/n
Rd	Runde
fM	feste Masche/n
Grp	Gruppe
fogl	nächstfolgende Mache
h	Nadel hinten einstechen
R	Reihe/n
U	Umschlag des Fadens um die Nadel
übg	übergehen, überganen/e
zun	zunehmen
zus	zusammen
*	Wiederholungszeichen für Musterrapport
( )	in Klammern stehende Maschenfolge wie angegeben arbeiten

Häkelmodelle

Dieses Bild sehen Sie in Farbe auf Bildtafel 26

Decke

Maß:
ca. 92 x 158 cm

Material:
z.B. Garnstudios DROPS PARIS
250 g Nr. 38, koralle.
200 g in jeder Nebenfarbe: Nr. 02 helltürkis, 39 pistazie, 35 vanille, 45 mattorange, 33 rosa, 05 helllila und 30 jeansblau. Häkelnadeln NR. 5 (z.B. DROPS)

Maschenprobe:
4 Stb-Gruppen = 10 cm breit.

STREIFENMUSTER:
2 Reihen in jeder der folgenden Farben:

02 helltürkis
39 pistazie
35 vanille
45 mattorange
38 koralle
33 rosa
05 helllila
30 jeansblau
02 helltürkis
39 pistazie
35 vanille

45 mattorange
38 koralle
33 rosa
05 helllila
30 jeansblau
38 koralle
02 hellturkis
05 helllila
35 vanille
39 pistazie
30 jeansblau
33 rosa
45 mattorange*. Von *-* wiederholen 3 Mal = 144 Reihen.

HÄKELTIPP:
Da bei dieser Decke sehr häufig die Farbe gewechselt wird, erspart man sich die Arbeit beim Vernähen, wenn man in der folgenden Reihe (die mit der nächsten Farbe gehäkelt wird) ein paar Maschen über den Faden der Vorreihe häkelt, bevor man ihn abschneidet.

HÄKELINFO:
1 Stb-Gruppe = 3 Stb um die selbe M.

DECKE:
Mit hellturkis auf Nadel Nr. 5, 145 Lm häkeln und die Arbeit drehen.

1. REIHE:
2 Stb in die 5. Lm, * 3 Lm überspringen, 3 Stb in die nächste Lm *, von *-* wiederholen = 36 Stb-Gruppe. Arbeit drehen.

2. REIHE:
4 Lm, 3 Stb zwischen den 2 ersten Stb-Gruppen der vorherigen Reihe, * 3 Stb zwischen die nächsten 2 Stb-Gruppen *, von *-* wiederholen und mit 3 Stb in die 4. Lm abschließen = 36 Stb-Gruppen. Arbeit drehen und die Farbe wechseln (siehe STREIFENMUSTER) und die 2. Reihe wiederholen.

Die Decke am Schluss mit koralle umhäkeln:
* * 3 Stb zwischen jede Stb-Gruppe an der kurzen Seite, 3 Stb, 2 Lm und 3 Stb in die Ecke, 3 Stb in jeden Bogen (Bogen = die 4 Lm, mit denen jede R beginnt) an der langen Seite, 3 Stb, 2 Lm und 3 Stb in die Ecke häkeln* von *-* noch 2 x wdh und mit 1 Kettm in das erste Stb der Rd schließen.

Nun die letzte Rd wie folgt häkeln:
3 Stb zwischen alle Stb-Gruppen an den Seiten und 3 Stb, 2 Lm und 3 Stb in die Ecken häkeln. Den Faden abschneiden und vernähen.

Dieses Bild sehen Sie in Farbe auf Bildtafel 27

Topflappen

MIT BLUME:

Maß:
ca. 22 x 22 cm

Material:
z.B. Garnstudios DROPS PARIS 100 g Nr. 11 opalgrün, 50 g Nr. 39 pistazie, 50 g Nr. 14 gelb, 50 g Nr. 33 rosa, 50 g Nr. 06 pink

MIT STREIFEN:

Maß: ca. 22 x 22 cm

Material:
Garnstudios DROPS PARIS
50 g Nr. 45, mattorange
50 g Nr. 14, gelb
50 g Nr. 39, pistazie
50 g Nr. 02, helltürkis
50 g Nr. 30, jeansblau
50 g Nr. 05, helllila
50 g Nr. 33, rosa
50 g Nr. 06, pink
Häkelnadel Nr. 5 (z.B. DROPS)

Maschenprobe:
14 Stb x 8 Reihen = 10 x 10 cm. Viereck = ca. 22 x 22 cm.

HÄKELTIPP:
Bei jedem Farbenwechsel den Faden gleich vernähen. Die vorherige Farbe an die Arbeit legen und um die Masche und die vorherige Farbe häkeln.

MIT BLUME
Es werden 2 verschiedene Teile gehäkelt, die man am Schluss zusammenhäkelt.

1. BLUME:
Mit gelb auf Nadel Nr. 5, 4 Lm häkeln und mit 1 Kettm zu einem Ring schließen.

1. RUNDE:
1 Lm, 8 fM um den Ring und mit 1 Kettm in die erste fM abschließen – siehe HÄKELTIPP!

2. RUNDE:
Zu rosa wechseln. 6 Lm (= 1 Stb + 3 Lm), * 1 Stb in die nächste fM, 3 Lm *, von *-* total 7 Mal und mit 1 Kettm in die 3. Lm abschließen = 8 Stb mit 3 Lm dazwischen.

3. RUNDE:
1 Lm, weiter in jeden Lm-Bogen wie folgt: 1 fM, 1 H-Stb, 3 Stb, 1 H-Stb und 1 fM, mit 1 Kettm in die Lm am Anfang abschließen = 8 Blätter.

4. RUNDE:
Zu pink wechseln. 7 Lm, * 1 fM zwischen die 2 nächsten Blätter, 6 Lm *, von *-* total 7 Mal und mit 1 Kettm in die 1. Lm abschließen = 8 Lm-Bogen.

Topflappen

5. RUNDE:
1 Lm, weiter in jeden Lm-Bogen wie folgt: 1 fM, 1 H-Stb, 5 Stb, 1 H-Stb und 1 fM, mit 1 Kettm in die erste Lm abschließen = 8 Blätter.

6. RUNDE:
10 Lm, * 1 fM zwischen den 2 nächsten Blättern, 9 Lm *, von *-* total 7 Mal, mit 1 Kettm in die 1. Lm abschließen = 8 Lm-Bogen.

7. RUNDE:
1 Lm, weiter in jeden Lm-Bogen wie folgt: 1 fM, 1 H-Stb, 1 Stb, 5 D-Stb, 1 Stb, 1 H-Stb und 1 fM, mit 1 Kettm in die erste Lm abschließen = 8 Blätter. Den Faden abschneiden und die letzte M. durchziehen.

8. RUNDE:
Mit pistazie 1 fM in das erste D-Stb des ersten Blattes, 3 Lm, * 8 Lm (= Ecke), 3 D-Stb überspringen, 1 Stb in das letzte D-Stb des gleichen Blattes, 5 Lm, 1 fM in das erste D-Stb des nächsten Blattes, 5 Lm, 3 D-Stb überspringen, 1 fM in das letzte D-Stb des selben Blattes, 5 Lm, 1 Stb in das erste D-Stb des nächsten Blattes *, von *-* total 4 Mal, und mit 1 Kettm in die 3. Lm abschließen (anstelle von 1 Stb in das 1. D-Stb des nächsten Blattes).

9. RUNDE:
1 Kettm um den 8-Lm-Bogen, * 4 Stb + 4 Lm + 4 Stb um den Lm-Bogen an der Ecke (4 Lm, 1 Stb um den nächsten Lm-Bogen), von (-) total 3 Mal, 4 Lm *, von *-* total 4 Mal und mit 1 Kettm in das erste Stb abschließen.

10. RUNDE:
Zu opalgrün wechseln * 1 Stb in jedes der 4 ersten Stb, um den Lm-Bogen an den Ecken 3 Stb + 2 Lm + 3 Stb, 1 Stb in jedes der 4 nächsten Stb,

4 Stb um den nächsten Lm-Bogen, 3 Stb um den nächsten Lm-Bogen, 1 Stb um den selben Lm-Bogen, jedoch mit dem letzen Durchziehen warten, ein weiteres Stb um den nächsten Lm-Bogen, jedoch mit dem letzen Durchziehen warten, dann beide Stb zusammen abmaschen, 3 Stb in den selben Lm-Bogen, 4 Stb in den nächsten Lm-Bogen *, von *-* total 4 Mal und mit 1 Kettm in das erste Stb abschließen (29 Stb pro Seite).

2. BLUME:
Wird in einer Farbe gehäkelt: Mit opalgrün auf Nadel Nr. 5, 4 Lm häkeln und mit 1 Kettm zu einem Ring schließen.

1. RUNDE:
3 Lm (= 1 Stb), 2 Stb um den Ring, 3 Lm, * 3 Stb um den Ring, 3 Lm *, von *-* total 3 Mal und mit 1 Kettm in die 3. Lm abschließen.

2. RUNDE:
3 Lm in das 1. Stb, 1 Stb in jedes Stb bis zum Lm-Bogen, * in den Lm-Bogen 3 Stb, 2 Lm und 3 Stb, 1 Stb in jedes Stb bis zum Lm-Bogen *, von *-* wiederholen und mit 1 Kettm in das erste Stb abschließen = 4 Lm-Bogen und 9 Stb dazwischen.

3. RUNDE:
3 Lm in das 1. Stb, 1 Stb in jedes Stb bis zum nächsten Lm-Bogen *, in den Lm-Bogen 1 Stb, 2 Lm und 1 Stb, 1 Stb in jedes Stb bis zum nächsten Lm-Bogen *, von *-* wiederholen, 1 Stb in jedes Stb und mit 1 Kettm in die 3. Lm abschließen = 4 Lm-Bogen und 11 Stb dazwischen.

4. RUNDE:
wie die 3. RUNDE = 4 Lm-Bogen und 13 Stb dazwischen.

5. RUNDE:
3 Lm in das erste Stb, 1 Stb in jedes Stb bis zum nächsten Lm-Bogen *, in den Lm-Bogen 2 Stb, 2 Lm und 2 Stb, 1 Stb in jedes Stb bis zum nächsten Lm-Bogen *, von *-* wiederholen, 1 Stb in jedes Stb und mit 1 Kettm in die 3. Lm abschließen = 4 Lm-Bogen und 17 Stb dazwischen.

6.-7. RUNDE:
Die 5. Runde wiederholen und zwischen den Lm-Bogen je 4 Stb mehr häkeln = 4 Lm-Bogen und 25 Stb dazwischen.

8. RUNDE:
3 Lm in das 1. Stb, 1 Stb in jedes Stb bis zum nächsten Lm-Bogen *, in den Lm-Bogen 2 Stb, 2 Lm und 2 Stb, 1 Stb in jedes Stb bis zum nächsten Lm-Bogen *, von *-* wiederholen, 1 Stb in jedes Stb und mit 1 Kettm in die 3. Lm abschließen = 4 Lm-Bogen und 29 Stb dazwischen An der einen Ecke wie folgt in den Lm-Bogen, 2 Stb, 12 Lm und 2 Stb. Den Faden abschneiden.

HÄKELKANTE:
Die Arbeiten mit der linken Seite aufeinander legen und mit Nadel Nr. 5 wie folgt häkeln: je 1 fM in jedes Stb und an den Lm-Bogen: 2 fM, 2 Lm, 2 fM.
An der Ecke mit der Schlaufe: 1 fM in den Lm-Bogen, 16 fM in die 12 Lm, 1 fM in den Lm-Bogen, mit 1 Kettm abschließen.

MIT STREIFEN

STREIFEN:
Je eine R. mit folgenden Farben: Anschlag + 1 Runde: pink

Topflappen

Runde 2: rosa
Runde 3: helllila
Runde 4: jeansblau
Runde 5: hellürkis
Runde 6: pistazie
Runde 7: gelb
Runde 8: mattorange

Die Arbeit wird rund gehäkelt. Damit der Farbwechsel schön wird, wechselt man die Farbe an einer Ecke.

MIT STREIFEN:
Mit pink auf Nadel Nr. 5, 4 Lm häkeln und mit 1 Kettm zu einem Ring schließen.

1. RUNDE:
3 Lm (= 1 Stb), 4 Stb um den Ring, 3 Lm, * 5 Stb um den Ring, 3 Lm *, von *-* total 3 Mal und mit 1 Kettm in die 3. Lm abschließen. Siehe STREIFEN und HÄKELTIPP.

2. RUNDE:
Die Farbe wechseln und an einer Ecke anfangen. * 3 Lm (= 1 Stb), 2 Lm und 1 Stb. 1 Stb in jedes Stb bis zum nächsten Lm-Bogen *. Von *-* wiederholen und mit 1 Kettm in das erste Stb abschließen = 4 Lm-Bogen mit 7 Stb dazwischen.

3. RUNDE:
wie die 2. RUNDE = 4 Lm-Bogen mit 9 Stb dazwischen.

HÄKELN

25 Häkelgarn und Nadeln

26 Decke *Siehe Seite 118*

27 Topflappen

Siehe Seite 122

28 Dreiecktuch *Siehe Seite 130*

29 Häkeltasche Siehe Seite 134

30 Damenschal — Siehe Seite 138

31 Gekreuzte Maschen

32 *Feste Maschen und Stäbchen im Wechsel übereinander*

4. RUNDE:
Die Farbe wechseln und an einer Ecke anfangen. * 3 Lm (= 1 Stb), 1 Stb, 2 Lm und 2 Stb. 1 Stb in jedes Stb bis zum nächsten Lm-Bogen *. Von *-* wiederholen und mit 1 Kettm in das erste Stb abschließen = 4 Lm-Bogen mit 13 Stb dazwischen.

5.-7. RUNDE:
Wie die 4. RUNDE und zwischen den Lm-Bogen je 4 Stb mehr häkeln = 4 Lm-Bogen und 25 Stb dazwischen.

8. RUNDE:
Die Farbe wechseln und an einer Ecke anfangen: 3 Lm in das 1. Stb, 1 Stb in jedes Stb bis zum nächsten Lm-Bogen *, in den Lm-Bogen 2 Stb, 2 Lm und 2 Stb, 1 Stb in jedes Stb bis zum nächsten Lm-Bogen *, von *-* wiederholen, 1 Stb in jedes Stb und mit 1 Kettm in die 3. Lm abschließen = 4 Lm-Bogen und 29 Stb dazwischen. An der einen Ecke wie folgt in den Lm-Bogen, 2 Stb, 12 Lm und 2 Stb. Den Faden abschneiden und einen zweiten Teil häkeln.

HÄKELKANTE:
Die Arbeiten mit der linken Seite aufeinander legen und mit pink auf Nadel Nr. 5 wie folgt häkeln: je 1 fM in jedes Stb und an den Lm-Bogen: 2 fM, 2 Lm, 2 fM. An der Ecke mit der Schlaufe: 1 fM in den Lm-Bogen, 16 fM in die 12 Lm, 1 fM in den Lm-Bogen, mit 1 Kettm abschließen.

Dieses Bild sehen Sie in Farbe auf Bildtafel 28

Dreiecktuch

Maß:
ca. 94 cm hoch

Material:
z.B. Garnstudios DROPS ALPACA
200 g Nr. 2921 himbeer
150 g Nr. 3620 rot
100 g Nr. 2915 orange
50 g Nr. 2922 dunkel pink

Häkelnadel Nr. 5 (z.B. DROPS)

Maschenprobe:
7 Reihen mit 2 Fäden = 10 cm hoch.

STREIFENMUSTER:
Mit 2 Fäden je 6 Reihen häkeln.

Streifen 1:
2 Fäden dunkel pink

Streifen 2:
1 Faden dunkel pink und 1 Faden orange

Streifen 3:
2 Fäden orange

Streifen 4:
1 Faden orange und 1 Faden himbeer

Streifen 5:
2 Fäden himbeer

Streifen 6:
1 Faden himbeer und 1 Faden rot

Streifen 7:
2 Fäden rot

HÄKELTIPS:
Die Fäden fortlaufend vernähen.

DREIECKTUCH:
Mit 2 Fäden dunkel pink auf Nadel Nr. 5, 6 Lm häkeln und mit 1 Kettm zu einem Ring schließen. Weiter das STREIFENMUSTER gemäß M1 häkeln – siehe oben. Nach dem 7. Streifen den Faden nicht abschneiden, sondern an den schrägen Seiten wie folgt häkeln: * 4 Lm, 1 fM um den ersten Lm-Bogen * Von *-* wiederholen am Lm-Bogen an der Spitze wie folgt: 1 fM, 1 Lm, 1 fM, 1 Lm und 1 fM um den selben Lm-Bogen. An der anderen Schrägseite wiederholen und mit 1 Kettm in das erste Stb der vorherigen R. abschließen.

Dreiecktuch

Diagramm

— = Lm
† = Stb

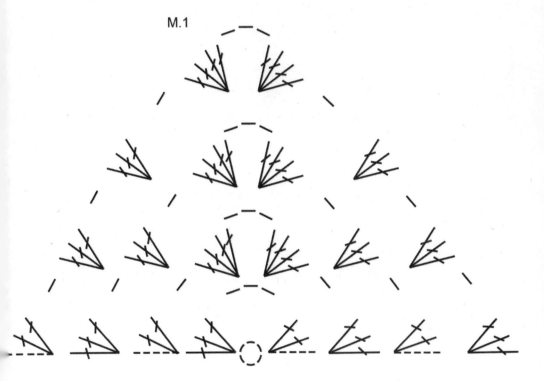

M.1

Dieses Bild sehen Sie in Farbe auf Bildtafel 29

Häkeltasche

Maß:
ca. 35 cm breit x 25 cm hoch

Material:
z.B. DROPS PARIS
250 g Fb. Nr. 29, eisblau.
50 g Fb. Nr. 17, naturweiß.

120 cm Seidenband in naturweiß, 15 mm breit. Häkelnadel Nr. 4 (z.B. DROPS)

Maschenprobe:
4 Stb-Gruppen = 10 cm breit.

HÄKELTIPP:
Das erste Stb wird mit 3 Lm ersetzt. Die erste fM wird mit 1 Lm ersetzt.

TASCHE:
Mit eisblau 140 Lm häkeln und mit 1 Kettm in die erste Lm zu einem Ring schließen.

1. R.:
5 Stb in die erste Lm der vorherigen Runde – SIEHE HÄKELTIPP, * 4 Lm überspringen, 5 Stb in die nächste Lm (= 1 Stb-Gruppe) *, von *-* wiederholen und am Schluss 4 Lm überspringen und mit 1 Kettm in das erste Stb abschließen = 28 Stb-Gruppe.

2. R.:
Kettm bis in die Mitte der ersten Stb-Gruppe, 5 Stb in das mittlere Stb der ersten Stb-Gruppe, * 5 Stb in das mittlere Stb der nächsten Stb-Gruppe *, von *-* wiederholen und mit 1 Kettm in die erste Kettm abschließen.

Die 2. R wiederholen, bis die Arbeit 21 cm misst. Die nächste R. wie folgt:
1 fM in das erste Stb, * 1 M. überspringen, 1 fM in das nächst Stb *, von *-* wiederholen = 70 fM. Danach 6 R mit je 1 fM in jede fM. Den Faden abschneiden.

RÜSCHEN:
Die Tasche mit den Boden von sich weg halten. Im Übergang zwischen der obersten R. mit Stb-Gruppen und der zweitobersten R. mit Stb-Gruppen häkeln. Mit eisblau wie folgt:

1. R.:
je 5 Stb zwischen den Stb-Gruppen.

2. R.:
Kettm bis in die Mitte der ersten Stb-Gruppe, danach 6 Stb in das mittlere Stb jeder Stb-Gruppe.

3. R.:
Kettm bis in die Mitte der ersten Stb-Gruppe, danach 7 Stb zwischen den 2 mittleren Stb jeder Stb-Gruppe. Den Faden abschneiden.

TRÄGER:
6 Lm mit eisblau, die Arbeit drehen und 1 fM in die 2. Lm von der Nadel häkeln, danach 1 fM in jede der 4 letzten Lm = 5 fM. Weiter je 1 fM in jede fM und jeweils mit 1 Lm drehen, bis die Arbeit 35 cm misst. Den Faden abschneiden. Einen zweiten Träger häkeln.

ZUSAMMENNÄHEN:
Die Träger auf beiden Seiten – ca. 2 cm von der Seite annähen. Auf beiden Seiten am Träger und an der Tasche entlang mit naturweiß wie folgt häkeln: 1 fM in die erste M., * 1 Lm, 1 M. überspringen, 1 fM in die nächste M. *, von *-* wiederholen und mit 1 Lm und 1 Kettm in die erste fM abschließen. Unten mit fM zusammenhäkeln. Vor den Runden mit den fM das Seidenband einziehen und eine Schleife machen.

Dieses Bild sehen Sie in Farbe auf Bildtafel 30

Damenschal

Maß:
ca. 20 x 170 cm

Material:
z.B. Garnstudios DROPS Alpaca
350 g Fb. Nr. 3770, dunkel rosa

Häkelnadel Nr. 4,5 (z.B. DROPS)

Maschenprobe:
14 Stb mit 2 Fäden Alpaca = 10 cm breit.

Häkeltipp 1:
Die erste fM jeder R wird durch 1 Lm ersetzt, das erste Stb 1 R ersetzt man durch 3 Lm und an Stelle des ersten D-Stb häkelt man 4 Lm.

Häkeltipp 2:
Wenn man fM über D-Stb häkelt, sticht man in das D-Stb. Wenn man jedoch über dem Fächer mit den Picots häkelt, sticht man zwischen die Stb. Achten Sie darauf, dass die Picots auf die rechte Seite der Arbeit kommen.

Fächermuster:
Siehe Diagramm M1.

Strukturmuster:
Das Strukturmuster wird in allen M. gehäkelt, die nicht in M1 gehäkelt

werden. Das Strukturmuster folgt M1 (d.h. wenn in M1 fM gehäkelt werden, häkelt man im Strukturmuster auch fM; wenn in M1 der Fächer gehäkelt wird, häkelt man im Strukturmuster D-Stb.

Schal:
Mit 2 Fäden Alpaca auf Nadel Nr. 4,5, 36 Lm häkeln (inkl. 3 M. zum drehen). 1 Stb in die 4. Lm, weiter je 1 Stb in jede der 2 nächsten Lm, * 1 Lm überspringen, 1 Stb in jede der 4 nächsten Lm *, von *-* wiederholen = 28 Stb. Danach wie folgt (= rechte Seite): Häkeltipp 1 und Strukturmuster lesen!1 D-Stb in jede der 3 ersten Stb, M1 über die nächsten 9 Stb, 1 D-Stb in jedes der 4 nächsten Stb, M1 über die nächsten 9 Stb und 1 Stb in jedes der 3 letzten Stb. Wie folgt weiterfahren – siehe Häkeltipp 2! –, bis der Schal ca. 170 cm misst (nach einem ganzen Rapport). 1 Stb in jede fM = 28 Stb. Den Faden abschneiden.

Häkelkante:
Rund um den Schal mit 2 Fäden Alpaca auf Ndl. Nr. 4,5 mm, eine Kante häkeln (an einer Ecke anfangen):
*1 fM, 2 Lm, ca. 1 cm überspringen *, von *-* wiederholen und mit 1 Kettm in die erste fM abschließen. Den Faden abschneiden und vernähen.

Damenschal

Diagramm

┼ = Stb

⧚ = D-Stb

T = fM - siehe Häkeltipp

⊺ = Stb mit Picot, ein normales Stb häkeln, danach 3 Lm,
1 Kettm in die 1. der 3 Lm.

X = diese Zeile wurde in der Anleitung erklärt, beginnen Sie mit
der nächsten Zeile.

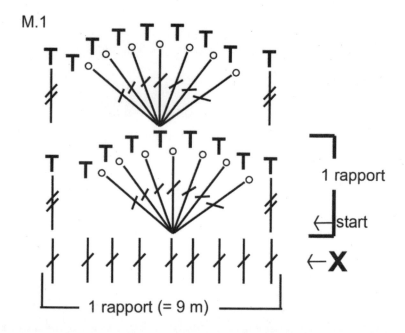

M.1

1 rapport

← start

← X

1 rapport (= 9 m)

Danksagung

Wir bedanken uns für die Unterstützung bei www.garnstudio.com

Bildnachweis

Innenseiten:

Fotolia
Durchgehend: © dispicture, Seite 2 © flashpics, Seite 6 © Ewapix, Seite 8 © Marén Wischnewski, Seite 12 © littleny, Seite 34 © luda, Seite 75 © Marén Wischnewski, Seite 100 © Bill, Seite 142 © 4uda4ka

Garnstudio Deutschland
Seite 36, 44, 48, 56, 62, 70, 76, 118, 122, 130, 134, 138

agilmedien
Seite 84, 86, 88, 90, 92

Beata Salanowski
Seite 18–24, 26–30, 102–105, 108–113

Bildtafeln

Wikimedia
Nr. 19–23 © Pschemp

Fotolia
1 © Sonja Birkelbach, 13 © Ellie Nator, 14 © Ellie Nator, 15 © Ellie Nator, 16 © Oko, 17 © Nelos, 18 © Maryna Ivanova, 25 © luda, 31 © Yasnaya, 32 © Yasnaya

Garnstudio Deutschland
Nr. 2–8, 26–30

agilmedien
Nr. 9–12

Regionalia Verlag

Weitere Titel von Gisela Muhr aus dem Programm

ISBN 978-3-939722-79-3

Das Beste aus alter Zeit
Großmutters bewährte Ratschläge für Haus und Hof

Dieser wunderschöne, vierfarbige Bildband ist zugleich Genussbuch und Ratgeber. Rund um Küche, Haus und Garten fasst er altbewährte Ratschläge früherer Generationen zusammen, die uns das Leben zuhause leichter machen.

96 Seiten
24 x 24 cm
HC mit Schutzumschlag
Durchgehend farbig gedruckt auf hochwertigem, starkem Bilderdruckpapier

Lieferbar
€ 9,95

ISBN 978-3-939722-70-0

Hildegard von Bingen
Der Mensch im Einklang mit der Natur

„Kostengünstig, sehr schön aufgemacht und inhaltsreich" (Karfunkel)

128 Seiten
16,5 x 19,8 cm
Hardcover

Lieferbar
€ 4,95

4. Auflage